子どもが変わる
魔法のおはなし

大村祐子【著】
ひびきの村代表

ほんの木

この本をとおして出会った皆さまへ

世界中のこどもたちを愛し、慈《いつく》しみ、尊《とうと》びたいと思います。世界中のこどもたちが誰からも愛され、慈しまれ、尊ばれるよう心から願います。世界中のこどもたちが、そして、やがて成人した彼らが互いに愛し合い、慈しみ合い、尊び合いながら共に生きることを祈ります。

これまでに私は、ルドルフ・シュタイナーの人間観を基にした幼児教育の場である保育園、幼稚園、また小中高校生が学ぶ場をつくり、こどもたちを育《はぐく》む仕事にたずさわってきました。そしてその間、わたし自身が一人の人間として生きるために大切なことを、すべてこどもたちに教えてもらってきました。

私は今年61歳になります。もうそろそろあちらの世界に行く準備を始めなければなりません。準備することはさまざまありますが、その一つは、これまで私を導いてくださった方々に恩返しをすることだと考えています。その方々から学んだことは数限りなく、すべてが、中でも、こどもたちに教えてもらったことのすべてが貴く、私の命の力となっていることを感じます。どうしたらこどもたちに恩返しができるでしょう？　どの子も、どの子も好きなことは何かしら？…そう、お話を聞くことが好きだわ！

静かなこども、賑《にぎ》やかなこども、甘えん坊のこども、すぐ泣くこども、動くことが大好きなこども…どの子も、どの子もお話を始めると、しーんとして聴いていたことを思い出しました。雨の日の教室で、フラワーフェスティヴァルの花のポールを囲んで、冬、ストーヴのそばで、眠りの国へ送り出すまえに…みんな、一心に耳を傾けていましたっけ！

「お話をする」ことで、これまでこどもたちから受けた恩を返したい、私はそう決めました。「お話」をとおしてこどもたちに対する私の愛と慈しみと畏敬《いけい》の念を受け取ってもらいたいと願っています。そして同時に、「あなたは世界の誰からも愛されているのよ」「あなたは世界の誰からも慈しまれているのよ」「あなたは世界のすべての人と等しく尊い存在なのよ」というメッセージを送りつづけたいと思います。なぜなら、自らの存在を「誰からも愛され、慈しまれている尊い存在である」と感じることのできないこどもが、今あまりにも多いように思えるからです。それは、私たちがこどもを心から愛し、慈しみ、かけがえのない尊い存在として深く関わることが少ない、私たち大人の在り方のためではないかと思うのです。

こどもたちと共に暮らしていると、成長し、変容していく彼らと共に生きる歓びを感謝する日々があります。また、こどもたちを理解することがむずかしく、戸惑い、悩み、苦しみ、悲しむ日々があります。また、こどもが悲しみ、憤《いきどお》るであろうことが分かっていても、必要なことを毅然《きぜん》として示さなければならないこともあります。あなたも「こどもたちと心を通わせることがむずかしい！」と心痛めたことがきっとあるでしょう。

そんな時、いつもこどもたちと私の心を繋《つな》いでくれるのはお話です！　お話はこどもたちと私の間に懸《か》けられた「虹の橋」です。私がこどもたちを愛し、慈しみ、尊ぶ心を持ってお話しする時、いつでもこどもたちと私の間に七色の美しい「虹の橋」が懸かり、私は「虹の橋」の上でこどもたちと出会うことができます。そして私たちは「虹の橋」に並んで腰掛け、「世界は美しいところだね」「世界には善い行いをする人がたくさんいるんだね」「世界は真実に満たされているんだね」と話し合うことができるのです。

「私はお話しすることが苦手で…」とおっしゃる方は、ここに書かれているお話を繰《く》り返し、くりかえし読んでください。そしてこどもにお話ししてあげてください。ふしぎなことに「あら、お話しするってそんなにむずかしいことじゃなかったんだわ！」と思われているご自分に、いつかきっと気が付かれることでしょう。それは、これまで蓋《ふた》がされていたあなたの心の中にあった「お話の玉手箱」が開けられたということ！　それからは、お話しすることが楽しくてたまらなくなり、あなたの心の中から「お話」が泉の水のようにこんこんと湧《わ》いてくるに違いありません。そのお話をいつか、私にも聞かせてくださいね。

ここに収められたお話は、私が「魔法のおはなし（ペダゴジカル・ストーリー）」と呼んでいるものです。こどもにこんなことを分かってもらいたいなあ、あんなことをしないようにしてもらいたい、こんな人になって欲しい、それは人として絶対にしてはならないこと…こどもに伝えたいことはたくさんあります。そんな時、シュタイナー幼稚園やシュタイナー学校の教師は教え諭《さと》すのではなく、脅《おど》すのでもなく、交換条件で釣《つ》るのでもなく、お話を聞いたこどもたちが、「ああ、先生の言うとおりだった」「次から決してそんなことするのはよそう！　この子がこんなに悲しんでいたなんて知らなかった…」「ああ、はずかしい！　もう二度とあんなことは言わないわ！」「わたし、あんな態度をとって本当に悪かった」と、心の底から感じることができる…そんなお話をします。それを「魔法のおはなし」と呼ぶのです。

押し付けられるのでもなく、強《し》いられるのでもなく、脅されるのでもなく、こどもたちが感動し、感嘆し、こどもたちの内に敬《うやま》い、畏《おそ》れ、愛《いと》おしみ、慈しむ心が生まれ、こどもたちが自分自身の意志で「そうしよう！」「こうするのはやめよう！」と決められたらいいなあ、と願いながら書きました。

ひびきの村　大村祐子

目次

この本をとおして出会った皆さまへ……2

第1章　こどもにとって「お話」とは？……11

1　こどもはどうして「お話」が好きなの？……12
2　お話はいつするの？……17
3　季節のお話をしましょう……22
4　CDやテレビの「お話」は、どうしていけないの？……28
5　こどもが成長するために、お話が力になる……34

第2章　こどもはどんなふうに成長するの？……41

1　感謝する心が育てられる幼児のころ〈0歳から7歳〉……42
2　愛することを学ぶこども時代〈7歳から14歳〉……48

3　務めを果たすことを学ぶ思春期〈14歳から21歳〉……53

第3章　年齢にふさわしいお話……61

1　心に届く小さなお話　生まれてから2歳半ころのこどものために　62

●眠くて、ぐずっている時に……ねんねの国へ　63
●暑くて、泣いている時に……風の妖精さん　65
●お正月ってなあに？　と聞かれたことがありますか？……お日さまの誕生日　66
●ごはんがすすまない時に……ハトさんのお使い　68
●帰りたくない！　と逃げまわるこどもへ……「おやすみ」お日さま！　69
●おもちゃが欲しい、と言いはるこどもに……クマさんをおうちにつれていかないで！　71
●お花が好きなやさしい女の子へ……チューリップがくれたシロップ　72
●おもちゃの片づけができない時に……みんな一緒！　75
●寝たくない！　こどもたちへ……お月さまと星たち　77

2 ちょっぴり芽生えた自我を大切に　2歳半から4歳半ころのこどものために　79

●冷たい風の中に、コートを着ずに出ると言いはる息子に……カラスのコート　82
●ごはんを食べないこどもに……働きもののアリ　84
●お昼寝の嫌いなこどもへ……そよ風の国へ　86
●雨なのに長靴をはかないこどもへ……水たまり！　87
●ばか、と言うことが好きなこどもへ……ばかの国　91
●「へんな名前！」と言うこどもへ……おおけむし　96
●ニンジンが嫌いなサラちゃんへ……置いてきぼりになったニンジン　98
●いやだ、いやだと言うこどもに……ハーイ・ノームとイヤーダ・ノーム　100
●大声でどなりあうこどもへ……耳のこびとさんが逃げだした！　102
●お風呂が嫌いなこどもへ……お風呂が大好きなお日さま　105

3 人とともに生きるために大切なこと　4歳半から6歳半ころのこどものために　108

●三人兄弟姉妹の、真ん中のこどものために……泣きむしサックル　111
●あいさつが苦手なこどものために……神さまのいたずら　119

●ニンジンが嫌いな子へ……泣きじゃくるニンジン 123
●人を叩いたり蹴ったりするこどものために……こぶだらけの天使 128
●いやだ、嫌いだ、だめ、と言うこどものために……一月遅れの春 132
●約束を守ることが難しい時に……ゆびきりげんまん 136
●がまんすることが苦手なこどものために……ツタの葉 140
●友だちのおもちゃをとってしまう、たくちゃんへ……おもちゃの好きな小鬼 142
●引っこみ思案なこどもへ……ミミズの雨ごいダンス 145
●なかなか寝ないこどもに……寝ない子、誰だあ？ 151
4 学ぶことを始める 6歳半から8歳半ごろのこどものために 155
●恵みはみんなで分かち合う……ふたご山 157
●力を合わせ、助け合って暮らすために……星が消えた町 160
●お友だちのために生きる……キンポウゲの花 166
●仲の良い兄弟になってね、という願いをこめて……ササンガとモモンガ 176
●お母さんが働いていて、さみしいと感じているこどもへ……いつも、お母さんといっしょ！ 188

5 広い世界へ旅立つ　8歳半から11歳ごろのこどものために……192

第4章 もっと、もっとお話を！……197

1 お話は誰にでも創れます……198
2 おばあちゃんからお母さんへ……204

この本を読んでくださった皆さまへ……210

装丁・デザイン／渡辺美知子
カバー・本文イラスト／中村豊信
カバー背イラスト／今井久恵

第1章

こどもにとって「お話」とは？

1● こどもはどうして「お話」が好きなの？

ソラくんはさっきからもう10分くらい、「寝ない！」「まだ、眠くない！」と言いはっています。楽しかった週末が終わり、明日からまた幼稚園が始まるのに…夜更かしすると朝ぐずぐず言ってなかなか起きないし、食欲もなくなるし…明日の朝を、元気で楽しい気持ちで迎えてほしいと願っているお母さんは、すっかり困ってしまいました。いつもはこんなことないのに…。

その時、2階からおばあちゃんが下りてきました。ソラくんの家には今、東京からおばあちゃんが訪ねて来ているのです。ソラくんが「寝たくない」のも、きっとおばあちゃんともっともっと遊びたいためなのでしょう。

そんなソラくんの様子を見て、おばあちゃんは「ソラくん、歯磨きしたらおばあちゃんといっしょに寝ましょうね。お話ししてあげるから」と、声をかけました。「ほら、ねんねの天使といっしょにねんねの国へ行くお話よ！　ソラくんとみっちゃんは毎晩ねんねの天使の羽に乗って、ねんねの国へ行くのね。ねんねの国には、ヨシキくんやタロウくんやようこちゃんも来ていて、みんなでいっしょに楽しく遊ぶのね。お友だちはみんなもうねんねの国に行ってしまったかもしれないわよ。そして、『ソラくん早く来ないかなあ』って待っているかもしれないわ。ソラくんも早く行きましょう！」

そうしたら、あんなに「寝ない！」ってがんばっていたソラくんが「うん、早く行かなくちゃ！　天使の羽はとっても大きいんだよね。白くてぴかぴか光っているんだよね。そいでもってつるつるすべるんだよ。この間なんかみっちゃんがもう少しで落ちそうになったから、ぼく、助けてあげたんだ！」。

そう言って、おばあちゃんと手をつないで大急ぎで洗面所へ走って行ったのでした。

お話の力は素晴らしいですね！　まるで魔法のよう！　こどもはどうしてこんなにお話を聞くことが好きなんでしょう？「ねんねの国」「ねんねの天使」「大きな羽」…大人がすっかり忘れてしまったことばが、こどもたちの心を捉《とら》えてはなさないのですね。

私はこう思うのですよ。大人には見えない、聞こえない、触れることもできない世界…がこどもにとっては現実なのだ、って。なぜって、こどもたちはついこの間まで、その世界で暮らしていたのですから。そして、今でもこどもはまだその世界と、この地上の間を行ったり来たりしているのです。人はその世界を天と呼びます。

私たちはこの地上に下りて来るまで、誰でも天にいたそうですよ。ええ、あなたもです。そして私もです。地上での暮らしが長くなって、天で暮らしていたことをすっかり忘れてしまいましたが、今この地上で暮らしている誰もが地上に下りてくる前は、天で暮らしていたのです。あなたは思い出すことがありませんか？　私は時々思い出すのですよ。光とあたたかさとやさしさに包まれて暮らしていた頃のことを…。

天では正しいこと、美しいこと、善なること、真なることだけが存在していました。憎しみも、悲しみも、苦しみも、争いもなく…ですからあなたも私も、もちろん、こどもたちも、みんな同じように、正しく、美しく、善であり、真なる存在だったのです。そして、あなたが私であり、私があなたであり…私たちは一つの存在だったのです。

けれど、私たちはそこでの暮らしを捨て、肉体をまとい、物質の世界に下りて来ました。「そんなすばらしい暮らしを捨てて、どうして私たちはこんなに苦しくて、悲しいことばかりがある地上に下りて来たの？」「できることなら、天での暮らしを永遠に続けていたかった！」。誰もがそう思うでしょうか？　けれど、私たちはいつまでも天での暮らしを続けるわけにはいかないのです。誰にも必ずその時がやって来て、目的を携《たずさ》えて地上に降りて来なければなりません。そうです。私たちは、この地上でしかできないことをするために、肉体を持つ人間としてこの地上に生まれて来たのです。

こどもはこの地上にやって来たばかりなので、天で暮らしていたことをよーく覚えているのです。そして、懐《なつ》かしくて恋しくてたまらないのです。ですから、天にいる神さまや天使のお話が大好きなのです。神さまが可愛がっていらっしゃるノーム*や妖精が大好きなのです。なぜって、天で暮らしていた頃、ノームや妖精といつでも遊んでいたのですから。眠っている間、こどもたちは本当に天へ帰っているのですよ。生まれたばかりの赤ちゃんは、たくさん、たくさん眠っていますでしょう！　まだ地上に下りて来たばかりの赤ちゃんが、地上での暮らしに少しずつ馴染《なじ》んでゆけるように、神さまがそんなふうにお取りはからいになっているのですね。

こどもは生まれてから７年かけて、地上で暮らしていくために必要な身体を整えるのだと言います。そしてその間、この地上と天の間を行ったり来たりして、地上での生活に慣れてゆくのです。そうしてしっかりと地上に足を下ろし、人として生きてゆくことを学ぶのです。

楽しく暮らした場所や時、そして共に楽しく暮らした人を、私たちはとても懐《なつ》かしく思い出します。そして、戻ってみたいな、会ってみたいなと思いますね。こどもたちもきっと、そう思っているのですよ。ですから、お話が大好きなのですね。なぜって、お話の中

*童話や伝説に出てくる想像上の小さな妖精。

で、こどもたちは懐かしい場所にもどり、懐かしい人に会うことができるのですから。そして、楽しい時を過ごすことができるのですもの！

私たちだって、大切な場所で、大切な人と十分に共に過ごしたあとは、いさぎよくそこを離れることができますものね。そして、勇気を持って、希望を携《たずさ》えて新しい世界に踏み込むことができますものね。

天から下りて来たばかりのこどもたちがお話を聞くことが好きなのは、こんな訳があるのです。

お話の力
天にいたことを忘れないため
勇気を持ってこの地上で暮らすことを始めなさいと励ますため
いつでも天使が見守ってくれているということを覚えておくため
地上での目的を果たすことを助けるため

2●お話はいつするの?

「こどもにお話しするのは、いつがいいのですか?」

こんなご質問をいただくことがあります。心に問いが生まれた時、私はいつでも「私だったらどうかしら?」と、自分の身に置きかえてみることにしています。

話されていることに私が集中できるのは…私が聞きたいと心から望んでいる時、話されていることに関心を持っている時、おだやかな気持ちでいる時、ゆったりした時間の中にいる時、話し手が熱意を持って話している時、その場にふさわしい話が話されている時、周囲が静かな時、その場に人の出入りがない時。また、話に集中できる環境は…明るすぎない場所、静かな場所、日常生活からはなれている場所、適度な広さを持っている場所、楽な姿勢でいられる場所、誰にも邪魔されない場所、温かく心地よい場所…です。皆さまはいかがですか?

お日さまがかんかんに照っている昼日中《ひるひなか》、こどもに「さあ、お話をしますよ」と言っても喜びませんね。夢中で遊んでいるこどもに向かって「お話ししましょうか?」と呼びかけても見向きもしません。お腹をすかして機嫌が悪いこどもに「お話をしてあげよう!」と言ったら「ぼくはおやつを食べたいんだ!」と言ってますます機嫌を悪くするでしょう。おもちゃの取りあいをしているこどもたちに「お話をしてあげるから…ねえ、ねえ、聞いてちょうだい!」と叫《さけ》んでも、こどもたちは聞く耳を持ちませんね。

私たちが話に集中するために、ふさわしい時、ふさわしい場所、ふさわしい内容であることが求められるように、こどもたちがお話を聞くためにも、こどもの状態、その環境がゆったりして、おだやかで、静かで、温かであることが望まれます。そんな条件が整った時には、こどもたちもお話を聞く準備ができることでしょう。

シュタイナー幼稚園では、お話をする前に、先生はお部屋のカーテンを閉じます。そして、こどもたちはぐるりと先生のまわりにすわります。そして、円の真ん中にろうそくの火を灯《とも》します。そして歌います。

「おはなし、おはなし　はじまるよ　どーんな　どんな　はなしかな」

こどもたちはしーんとしてろうそくの火を見つめ、先生の口からどんなお話が語られるのか…息をひそめて待つのです。

私も孫たちにお話しする時には、いちばん小さい孫をひざにのせ、チリンチリンと鈴を鳴らします。そして「おはなし、おはなし、はじまるよー」と歌います。

今、私は「ひびきの村」のラファエル・スクール*で毎週水曜日に「宗教」の授業を受け持っています。「宗教」といっても、ある特定の教えを伝えるわけではありません。私はこどもたちに…私たちは、どれほど神さまに愛されているか。また、私たちがそれぞれ持っている使命をはたすことができるよう、神さまが私たちをどれほど支え、助け、護《まも》ってくださっているか…それをこどもたちに伝えたいのです。そして、私たちは誰でも等しく、神さまに愛され、護《まも》られているのだから、なにも心配することなく、正々堂々と生きていけばよいのだ、ということを知ってほしいのです。私は旧約聖書の物語を一年かけてお話しようと決めました。

お話の時間は、詩を唱《とな》えることから始まります。

神さまは　太陽を　おつくりになりました
木々を　おつくりになりました
山々を　おつくりになりました
そして　私をおつくりになりました

＊課題を担っているこども、担っていないこども、どんなこどもも共に学ぶ、「ひびきの村」にあるシュタイナー学校。

神さま　私はあなたに感謝いたします
太陽と　木々と　山々と
そして　私をつくってくださって
ありがとうございます

こどもたちと私は天につながるようにまっすぐに立ちます。そして、はっきりと、ゆっくりと神さまに感謝することばを捧《ささ》げます。

あなたがお子さんにお話をする時にも、きっと静かで、おだやかで、落ち着いた空気の中で始められることでしょうね。カーテンを閉じること、ろうそくの火を灯すこと、鈴を鳴らすこと、歌を歌うこと、詩を唱えることは、こどもたちに「さあ、お話の時間ですよ」「お話が始まりますよ」と知らせます。そして、私たちが「静かにしましょう」「円になってすわりましょう」「おしゃべりすることはやめましょう」と言わなくとも、こどもたちはお話を聞くための用意を始めます。

皆さまもぜひ、ためしてください。

それからもう一つ…同じお話を、毎日繰り返したらよいのですよ。そうですね、私たちの保育園では二、三週間、同じお話を続けます。お話の力がこどもたちの心にも体にもしみ込んでゆくまでには、それくらいの時間が必要なのです。

最後に…公園などで、こどもがお友だちとおもちゃの取り合いをしている時に「ああ、もうこんなことはしないで欲しい！」と思って、こどもからおもちゃを無理矢理とりあげ、お友だちから引き離し、こどもの手をぐいぐいひっぱって家につれて帰り、そして「こどもがおもちゃの取り合いをした時に聞かせる話」をしたところで、お話はこどもの力にはまったくならない、ということはお分かりですね。そんな時にはきっぱりと「おもちゃを返しましょうね」とこどもに話し、そうさせたらよいのです。そして、さきほどお伝えした条件が整った時に「おもちゃの好きな小鬼」（143ページにあります）のお話をしてあげてください。夜、寝る前でも決して遅くはありません。こどもは天使に助けられて、あなたが伝えたいと思うことをきっとよく分かってくれますよ。

3●季節のお話をしましょう

私が暮らしている北海道伊達市の「ひびきの村」では、季節ごとにその季節にふさわしい、さまざまな行事やお祭りを行なっています。行事やお祭りは人が共に暮らしていくために、欠かすことのできない、とても大切なものだと考えているからです。

行事やお祭りには次の四つの大切な要素があります。

①季節がめぐっていることを感じる。自然のいとなみを知る。自然と私たち人間とがいかに深い関わりを持っているかを考える。そして、自然が私たちに与えてくれる恵みに感謝する。その恵みを全人類と共有することを真剣に考える。また、自然に対して私たちができることを考える。

②自然をかくあらしめている、目に見えない力を感じる。その力に畏敬《いけい》の念を持つ。人間

には及ばない力を持つその存在を自然の中に見る、そしてその存在を心から信頼する。私たち自身もまた、その存在の力に依ってここに在るということを認識し、感謝する。③人との交わりを持つ。その交わりを強め、深め、楽しみ、感謝する。④芸術的な活動をする。そのことによって心が和《なご》む、躍《おど》る、弾《はず》む、熱を持つ。技が磨《みが》かれる。そして芸術活動が、目に見えない存在たちと私たちとを結びつける力となることを体験する。

「ひびきの村」に暮らす私たちは、こんなふうに考えながら行事やお祭りをしているのです。そこには常に雄大で美しい自然と、ここで暮らす人々と、自然と私たちの内に在って、その両者を結ぶ目に見えない存在たちとの交わりがあります。

春には「花のフェスティヴァル」があります。

6月…「ひびきの村」の丘に、たくさんの美しい花が咲き、風にゆれています。そこへ蝶《ちょう》の精に誘われて、花の国から王さまと女王さまがお出ましになります。王さまと女王さまが話されます。「…毎年、この季節に私たちのこどもがおおぜいこの丘に生まれ、心やさしく親切なあなたがたと一緒に楽しく暮らさせてもらっている。あなた方は私たちのこどもを愛《め》で、いとおしみ、大切にし、篤《あつ》く世話してくれている。そのことは花の国の私たちにとって、もっとも喜ばしいことである。私たちはあなた方に心から感謝している。今日は、私たちの感謝の気持ちを伝えたくてやってきた。たくさんの花を供《とも》の者に持たせた。花のかおりと、花のしらべと、甘い蜜《みつ》を、みなで十分楽しむように」

広場の真ん中には高いポールが立てられ、色とりどりの花でかざられています。王さまのお話が終わるとすぐに音楽隊があらわれ、美しい音楽がかなでられます。すると花のかげから花冠《はなかんむり》をつけた人々が、手に手をとって現れます。そして花の国の王さまと女王さまにていねいにご挨拶したあと、ポールのまわりでダンスを始めます。花のように美しい色のリボンを手に持ち、音楽にあわせて踊ります。リボンが風に舞い、光に躍《おど》り、ポールに巻かれていきます。そして、ダンスが終わった時には、ポールは美しいリボンでおおわれるのです。

広場を囲んで、お店がでます。手作りの人形、羊毛、おもちゃ、それからクッキーにパン、飲み物、食べ物、アイスクリームに果物、野菜に卵、もちろん、切り花と花の苗、野菜の種もたくさん並べられています！

芝生でランチを広げる家族連れ、ピクニックテーブルでお茶を飲む人たち、歩きながらアイスクリームをなめている若者たち。キャッキャと遊びまわるこどもたち。

キッチンで「スープをもう少し煮込まなくちゃ！」と汗を流す人。こどもたちとゲームをする人、工作をする人。フリーマーケットの売り子さん。お客さまをご案内する人。
「さあ、おはなし、おはなしはじまるよー。どーんなはなしが聞けるだろう…」
リボンが風に揺れるポールの下で、お話が始まりますよ!

私たちは自然の中で、自然と共に、自然の一部として生きています。そして、自然の力によって生かされています。私たちは誰一人として、自然の大いなる恵みを受けずに生きることはできません。けれど、さまざまな器械や機器に囲まれて便利な暮らしを続けているうちに、私たちはそのことをすっかり忘れてしまいました。自然の中で暮らしていることも、私たちは自然の一部であることも、自然と共に存在していることも…そして、自然の恵みに感謝することも、すっかり忘れてしまった私たちは、ましてや自然をかくあらしめている目に見えない存在とその力に思いを致すことがありません。

自然をかくあらしめている存在、力とは、私たちの目では見ることができない、耳にも聞こえない、手で触れることもできない「精神の存在」「精神の力」です。それを神と呼ぶ人もいるでしょう。摂理《せつり》と呼ぶ人もいます。真理、法則と呼ぶ人もいます。

皆さまは、それぞれご自身の世界観をお持ちのことと思います。ですから、中には「精神? それなに?」と訝《いぶか》しくお感じになる方もいらっしゃるかもしれません。けれど、私はこの世にあるすべてのものは精神の存在、精神の力によるものだと考えているのです。そして、私自身の中にも精神の力が働いているのだと確信しています。ですから私はこどもたちにお話をするのです。

お話が持つ力は目に見えません。それでも私が話をしつづけるのは、お話が持つ力、お話の中のさまざまな存在に宿る精神の力がこどもたちに働きかけ、こどもたちを支え、こどもたちを力づけ、励ましてくれると信じているからです。そして、お話を聞いたこどもたちが希望を持って生きてゆけると信じているからです。

あなたがこどもにお話をされるのは、お話が持っている目に見えない力を感じているからではないのでしょうか？ そして、あなたのお話を聞くこどもたちがその力を受け取り、力強く生きていって欲しいと願っているからではないでしょうか？

今、世界は混沌とし、混乱し、私たちの行く先が見えません。多くの人が未来に対して恐れを抱き、不安な気持ちをかかえて暮らしています。多くの若者が、彼らの未来に希望を持つことができず、すべてが定かでなく、心安らぐこともないまま、進むことも後ずさりすることもできず、ただ立ちすくんでいます。彼らの姿は痛ましく、彼らを想うたびに、私は悲しくて申し訳ない気持ちでいっぱいになります。

どうしてこうなってしまったのでしょうか。…考えられることは二つあります。一つは、私たちが物質主義的な生き方を選んでいるためだということ。二つ目は、そのために私たちは非常に利己的な在り方、生き方をしているということです。

物の豊かさだけを求める生き方は、名誉を求め、富をむさぼり、権力を欲します。それらを手に入れるために自分の利益を最優先し、自然の破壊も、人を傷つけることも厭《いと》いません。

もし、私たちが自然を愛し、自然を慈しみ、自然と共に生きる生き方を選び、その自然の存在を支えている目に見えない力、すなわち「精神の力」が存在し、私たち自身も「精神の力」に依って生かされているということを確信することができたら、私たちは物質の豊かさだけを求めることはしなくなるでしょう。

自然をかくあらしめている目に見えない力を想い起こし、私たちが大地にしっかり足をつけ、天と繫《つな》がりながら生きることができるようになるために、そして、こどもたちにそれを伝えることができるように、私は今日も話し続けます。

4●CDやテレビの「お話」は、どうしていけないの？

私の知人に20歳の女性がいます。とても美しい心を持つ人です。けれど、彼女はその美しい心を人に伝えるためにことばを使うことが苦手だと言います。彼女はこんな話をしてくれました。

「私が生まれて間もなく父が病気になり、入院しました。母は私をおばあちゃんに預けて病院に泊り込み、父の看病を続けました。私が2歳半になった時、父は元気になって退院し、私は家族と一緒に暮らすようになりました。家に帰って来た私の様子を見て、母はたいそう驚いたそうです。なぜって、私は歩くことも、話すこともほとんどできなかったからです。よくよくおばあちゃんに聞くと、病弱だったおばあちゃんは私の世話をすることがとても大義で、朝目が覚めた時から夜眠るまで、一日中私をかごに入れてテレビの前に置いておいたというのです。ですから私は歩くことも、話すことも覚えられなかったのですね。ええ、もちろん、私の生まれもった資質もあったでしょう。いくらそんな状況におかれても、元気で動きまわるこどもだっているはずです。誰も相手をしてくれなくともテレビを見ながら、そこで話されていることを聞いてことばを覚えるこどももいると思います。けれど、私はそうとうのんびりしたこどもだったのですね。なされるままでいることを心地よく感じていたのでしょうか。かごから這《は》って出ることも、相手をさがして話しかけることもしなかったのですね。そんな私の様子を見て驚いた母が、それからは一切テレビを見せず、私を外に連れ出して、一緒に歩いたり、走ったり、ボールを投げたり、なわとびをしてくれました。最初のころはただ立ち尽くすだけで、私は何もできなかったそうですが、私は少しずつ身体を動かすことができるようになり、そして、同時に母が懸命に話しかけ続けてくれたおかげで、話すこともできるようになりました。けれど、私は今でもじっとしていることが好きですし、人と話すより心の中で自分と会話している方が楽しいし、心地がいいのです。だって人と話をする時は、どれだけ私の真意が伝えられるか、どれだけ分かってもらえるか、いつでも心許《もと》なく、不安でたまらないから…」

彼女の話を聞いて、私はあらためて、「人は人と交わることによって、人になるのだ」ということを思ったのでした。ことばも行為も自分を表現する手段です。人は感じていること、考えていること、しようとしていること、しないと決めたことを、ことばと行為をとおして他者に伝えます。そして伝えられた人はまた、ことばと行為をとおしてそれに応えます。こうしてことばと行為によって、人は互いに理解することができるのですね。そして人が互いに理解し合うところに愛が生まれ、調和が生まれ、認め合い、支え合い、助け合いながら、人は共に生きることができるのですね。

人と交わることが苦手な人が増えています。ことばを使って考えや気持ちを伝えることができない人がたくさんいます。そして彼らはことばを使うかわりに力をふるいます。もどかしくて、くやしくて、腹立ち、苛立《いらだ》つあまりに手を出してしまうのでしょう。

私たちはことばをやりとりすることによって、ことばを学びます。テレビばかり見ていては、ことばのやりとりを体験することができません。近頃、こどもたちは、私たちが予想だにしなかった暴力行為をします。それは、テレビによって育てられたこどもたちが、ことばをとおして人と関わることを学ぶことが少なかったためだと思われてなりません。

テレビの画面では美しいことばが話され、善なる行為がなされます。それを見て、私たちは心動かされ、それを表現し、伝えたいと思います。けれど、テレビの画面の中でどんなに美しいことばが話されても、私たちはそのことばにことばで返すことはできません。どんなに善なる行為がなされても、私たちはテレビに向かってその行為に応えることはできません。反対に、テレビの画面の中でどれほど酷《ひど》いことばが話され、卑劣な行為がなされても、私たちはそれを止めることはできません。私たちはテレビの画面に映しだされている人と、決して会話をすることができませんし、またどのような関わりをも持つことができないのです。

テレビは私たちに向かって一方的に表現するだけです。そのことばを聞いて私が「嬉しい!」と感じても、「楽しい!」と心躍《おど》っても、その気持ちを画面の中の人に伝えることはできません。その行為をつまらない、ばかばかしいと感じてもそれを伝える手段をも、私たちは持っていないのです。テレビから流されるものを、ただただ受け取るだけです。このような一方的な関わりは、真の関係ではありませんね。

お母さんがこどもにお話をする時はどうでしょうか? お母さんは目の前にいるこどもに向かって話します。お母さんのお話に一心に耳を傾けているこどもに向かって話すのです。お母さんは、テレビのように、どこの誰とも知らない人に向かって話してはいません。目の前にいるこどもに「お話をしてちょうだい!」とせがまれて、あるいは目の前にいるこどもが必要としているお話を、お母さん自身が選んでお話しします。お母さんは、目の前にいるそのこどものためにだけお話をするのです。

保育園でも、幼稚園でも、先生は先生の目の前にいるこどもたちに向かってお話をします。

もうお分かりですね。お話を聞くこどもたちは、お母さんにとって特別な存在なのです。こどもは「私に向かって、私だけのために話してくれる」ことがとてもありがたく、うれしく、幸せに感じ、一心に耳を傾けます。お話に没頭します。我を忘れます。

同時に、こどもがお話に没頭するように、お話をするお母さん自身も、お話をすることに没頭します。お母さんがこどもに向かってお話をする時、こどももお母さんも互いに尊び、敬い、感謝し、互いの存在に没頭するのです。

テレビを見ている時には、決してそんなことは起こりません。ビデオやCD、ゲームも同じです。お話がCDに収録される時、語り手は誰に向かって話すのでしょう？　どこの誰が聞いてくれるとも分からないまま話します。そこには語り手と聞き手の間に生まれる特別な関係はありません。

こどもたちがお話を聞く時、何が語られるのか、その内容が大切なことはもちろんです。けれど、それ以上に大切なことは、語り手とこどもたちの間に生まれる愛と信頼、そして没頭する姿勢なのです。自分だけに向かって一心に話されるお話と、一心に話す話し手の没頭する姿勢が、またお話と話し手に対するこどもの没頭する姿勢を生み出すのです。

お母さんが目の前にいるこどもに向かって話をするということは、そういうことなのです。それは、テレビを見ることやCDを聞くことでは決して得られない尊いものだということを、どうぞ心に留めてください。

もう一つ、大切なことがあります。それは、お話を聞くこどもたちの心の中に豊かなイメージが生まれるということです。お話はこどもたちの心の中で、色をにじませ、形をとり、動き、音をひびかせ、香りを放つのです。お話はこどもたちの空想のつばさを自由に、思うままに、広げてくれます。そうしてお話の中の王さま、お姫さま、妖精や天使、小人やノームたちはいきいきと動き、こどもたちに話しかけます。彼らはお話の中でさりげなく、真実や正しい生き方を示し、美や善を創造するのです。こうしてこどもたちはお話から叡智《えいち》を受け取るのですね。

おとぎの国の王さまも、お姫さまも、妖精も、ノームも電波に乗ってやって来ることはできません。彼らはあなたのお話の中でいきいきと生き、こどもたちの内に生命ある存在として生きることができるのです。

5● こどもが成長するために、「お話」が力になる

お話を聞いている時のこどもの様子を思いうかべてください。あなたをじっと見つめ、一心に耳を傾けていますね。お話を聞くこどもの様子が、お話が持つ力のすべてを物語っているように、私には思えるのです。

人が話すことばを一心に聞く、全身全霊をもって聞く…なんて素晴らしいことでしょう！　そこに自分の思い、感想、考えはなく、ただただ一心に聞く…それは帰依《きえ》する姿そのものですね。

私は長い間「なぜ生まれて来たのか」という問いを抱えて生きてきました。そして、ルドルフ・シュタイナーに出会った時、彼の世界観と人間観の中にその答えを見出すことができたのです。その答えとは、「人は愛を実現するために生まれて来た」ということでした。そしてまた、「愛を実現するとは…自分自身より他者を大切にし、その他者に帰依す

ることである」ということも学びました。

「帰依する」ということは、自分を無にすることです。自分の考え、思い、望み、体験、知識、判断、批判…すべてを捨てて「他者に生きる」ということです。むずかしいことです。至難のわざです。それが、私がこの地上で生きる意味だということをシュタイナーから学んだ時、「私には到底できない」と感じました。「帰依する」とは、自分自身の希望や願望をすべて捨てなければならない、諦《あきら》めなければならないことです。私にそんなことができる訳がありません。

なぜならそのころ、私は一つの強い願いを持っていて、それをどうにかして実現させたいと毎日苦悩していたからです。その願いを捨てることなど考えたことがありませんでした。その願いが叶《かな》えられさえすれば、私の人生は意味のあるものになるにちがいないと信じ込んでいました。その願いを捨てて他者に帰依する…そんなことはできませんでした。

けれど、私の願いはいっこうに叶えられず、毎日変らず不如意《ふにょい》な生活が続きました。私はちっとも幸せではありませんでした。不安で、不満で、不安定な日が続きました。苦しさに身も心も疲れ果て、私はその願いを諦《あきら》めるしかない…というところまで追い込まれたのでした。そうしてはじめて「捨てよう！　あきらめよう！　私はここまでしたのだから、もういい。これ以上はできない。私はこれまで自分のためばかりに生きてきたから、これからは人のために生きよう」そう思ったのでした。

そう決めた私のかたわらには、幼い我が子がいました。よりそって寝る私が語るお話に一心に耳を傾けている幼い我が子がいました。彼は私を心から信頼し、私にもたれかかり、私の目をみつめて、私の話を聞いていました。その姿は私の心を鋭く突きました。そして私は「ああ、この子のようになりたい。この姿こそ、他者に帰依《きえ》する姿だ。この子のようになろう」…そう思ったのでした。

私が「しよう！」と決意することができたのは、お話を聞くこどもの様子に打たれたからでした。こどもがお話を聞いている姿…それこそが帰依の姿だと気が付いたのです。

幼いころ、私もあんなふうに母の語る話に耳を傾けていたはずでした。おばあちゃんが語る昔話に、一心に聞き入っていたはずでした。「帰依すること」がどのようなことか、私は知っていたはずでした。幼い私は体験していたはずでした。だから思い出そう！ 思い出して「帰依しよう」…そう考えたのです。

こどもの「帰依する」姿は、こどものあるがままの姿です。こどもは「今は目の前にいる人に帰依しよう。自分を捨てよう」…そう決意しているわけではありません。なぜなら、こどもたちの内にはまだ「ぼくはこう考える」「私はこうしたい」「私はそうしたいけれど、できない」…という意識がないのですから。

もちろん、こどものうちにも願いがあります。ですから「あれはいやだ」「これが欲しい」「もっと食べたい」と言います。けれど、こどもは自分の願いや、自分の在り方を意識することができません。私たち大人が「ああ、私は今こんなことを考えているな」「私はあの人の言ったことばを否定している」「私はあんなことを言ってしまった。なんて自分勝手なんだろう」というように、自分が何を感じ、何を考え、何を望み、何を拒否しているのかと、自分自身の在り方を知ることができるのは、私たちの内に在る「自我」の力によるものなのです。

誰の内でも「自我」は成長するプロセスの中で育ち、やがて私たちは「私」を生きることができるようになるのです。

それは、すべてを自分の自由意志で決めることができるようになるということでもあります。つまり、自分が何を考え、何を感じ、どうしようとしているのか、どうしたくないのか、どうしたいと望んでいるのか…ということを認識し、誰に束縛《そくばく》されることなく自分自身の意志で決めることができるのです。自分の願いを遂《と》げるのか、それともそれを捨てて他者に帰依するのか…自分で決めることができるのです。

「私の考えは絶対にまちがっていない。だから譲《ゆず》る必要はない」と言いはるか、あるいは「自分の考えを捨てることはとても残念ではあるけれど、仕事を進めるために自分の考えを捨てて、彼の意見に従おう。そしてどんな結果になっても彼と共にその責任をとろう」と、決意することもできるのです。

　自分の願いを遂《と》げたいと願いながら、長い間、闇《やみ》の中をさまよっていた私は、幼い我が子の姿に「帰依する生き方」を教えられました。それはたいへんむずかしいことではありました。けれど、今、葛藤《かっとう》のすえに「帰依」することができた時、私は無上の喜びを感じます。そしてその喜びとは、かつて幼いころ、我を忘れてお話を聞き入っていた時に感じていた喜びそのものである、ということにも気が付いたのでした。

　ルドルフ・シュタイナーは「幼いころに、我を忘れる体験をすればするほど、帰依する心が養われる」と言いました。お話を聞くことは、生きる目的である「帰依する」ことを、こどもたちが無意識のうちに体験する貴重な機会であり、それが後年「帰依する」力へと変容していくのだと、私は確信しています。

　そうと知ったからにはただ「できない」と言って、そこに留まっているわけにはいきません。これから何度生まれ変わったら、そうできるようになるのか、私には分かりません。けれど同じ時代を生きる同胞として、それをこどもたちに伝え、こどもたちと共に「しよう」と決めました、「よく、そんな決心ができたわね」とあなたはおっしゃられるでしょうか？

人は誰でもこの世で果たそうと、自分で決めた課題を担って来る
一心に聞く
帰依する心につながる
困難に立ち向かう大人たち
天にいたことを忘れないため
勇気をもって生きるよう励ます
いつでも、どこにいても天使が見守っていてくれることを思い出す
地上での目的を果たすことができるよう助ける

第2章

こどもはどんなふうに成長するの？

1●感謝する心が育てられる幼児のころ

0歳から7歳

どんなにいらいらしている時でも、赤ちゃんを見ると、心がほーっと和《なご》むのはどうしてでしょう？　どんなに心がとんがっている時でも、赤ちゃんを見ると、ひとりでに微笑《ほほえ》んでしまうのはどうしてでしょう？　どんなに悲しくとも、赤ちゃんを見ると、慰《なぐさ》められるのはどうしてでしょう？

私はこう思うのですよ。それは、赤ちゃんが私たちを無条件で信頼しているからだと…。信頼されていることが嬉しくて、心地よくて、誇らしくて、時にまぶしくて、赤ちゃんを見ると誰もが心和み、慰められ、癒《いや》され、励まされるのではないかと思うのです。

赤ちゃんは何一つ身につけずに生まれてきます。目も見えず、ことばも話せず、聞いて理解することもできず、自由に身体を動かすことさえできず、何も知らず…そして誰一人知っている人のいないこの世に、たった一人きりで生まれてくるのです。なんと健気《けなげ》なのでしょう。なんと勇敢《ゆうかん》なのでしょう。なんと立派なのでしょう。

生まれてくる前に、自分の意志で親として選んだ二人の男女の許《もと》へ、すべてを預けてやってくるのです。あなたも、あなたも、そしてあなたも、勿論《もちろん》、私も…こうしてこの世に生まれて来たのでした。

信頼して選んできた人たちは、家族であり、親類であり、ご近所の人であり、友人であり、知人であり、そして保育園、幼稚園の保育者であり、教師であり…私たちはこうして縁あって出会ったすべての人を信頼し、彼らに支えられ、導かれ、教えられながら育ってきたのでした。私たちが成長することができたのは、幼い時に出会ったすべての人が、私たちの信頼に応えてくれたからなのです。ですから、この世にやってきたばかりの赤ちゃんに対して、今私たちがしなければならないことは、全力で赤ちゃんの信頼に応えることなのです。私たちはどんな立場にあっても、どんな局面においても、持てる力をすべて出して彼らの信頼に応えなければなりません。

赤ちゃんは本能に教えられておっぱいを飲み、排泄《はいせつ》し、眠ります。不快な時、不安な時は泣き、無意識に身体を動かします。心地よい時にもまた、身体を動かします。そうしてやがて目が見えるようになり、少しずつことばを理解するようになり、自らも音《おん》を発するようになります。そして両手をあわせたり、交差させたりすることができるようになると、寝返りができる日ももうすぐです。

次におすわりができるようになります！　それまで世界を平面から見ることしかできなかった赤ちゃんにとって、頭をもたげて世界を見ることができるようになったことは、実に画期的なことです。その瞬間に世界は立体化し、赤ちゃんは自分だけの視点を獲得したのです。

次のステップは、はいはいしながら自分の意のままに身体を移動させることができるようになることです。それまでは移動することを、いっさい他人に委《ゆだ》ねるしかなかった赤ちゃんが、自らの意志にしたがって、自らの身体を自由に動かすことができるようになったのです。自立の第一歩ですね。

立ち上がり、歩くことができるようになると同時に、こどもはことばを発することができるようになります。自らの意志を、自ら発することばによって他者に伝えることができるようになるのです！

立ちあがり、歩き、話す…これほどまでの成長を、こどもはどんなふうに成し遂《と》げるのでしょうか？　はいはいすることも、立ち上がることも、歩くことも、話すことも私たちは強く意識して教えはしませんでした。では、どうしてできるようになったのでしょうか？　こどもは私たちのすること、話すことを見聞きし、真似《まね》してできるようになったのですね！　これらすべてのことを見よう見まねでできるようになったのです！　すごいことですね！　これはどんなことを意味しているのでしょうか？　そうです。こどもたちは私たちを無条件で信頼し、私たちを模倣《もほう》したのです。

知らないまま、私たちは立つことも、歩くことも、話すことも…こどもたちに真似されていたのです。あなたのお子さんの立ち居振る舞いも、話し方も、笑い方も、怒る様子もあなたに似てはいませんか？　こどもの姿がご自分とあまりにも似ていて、はっとしたことがありませんか？　きっと、どなたも経験されたことでしょう。

ですから、こどもにこうして欲しい、こんなことはしないで欲しい、こんな人であって欲しい、と願うのであれば、私たち自身が、私たちの願うような人になれば良いのですね。こどもたちは彼らの周囲にいる大人たちを心から信頼し、大人の在り方、行為、ことばを模倣しながら成長するのですから…。

成長するこどもたちが次に進むステップは、家庭からはなれて集団生活を始めることです。こどもたちは毎日、保育園や幼稚園に通って、家族以外の人たちと過ごす時間を持つようになります。人と共に生きることを体験するようになります。そして、人として生きるために大切なこと、人と共に生きるための約束ごとを学びます。

それを示し、教え、導いてくれるのは周囲の大人です。こどもたちはこれまでそうであったように、大人を心から信頼して学んでいきます。話されることばだけではなく、大人の在り方、つまり大人が何をどう考えるのか、どう感じるのかということを通して、また大人がなす行為によって、こどもたちはすべてを学ぶのです。

こどもはまだ自分で判断し、自分で選ぶことができません。ですから彼らは信頼する周囲の大人に示されるまま、教えられるまま、導かれるままに成長します。そして、生まれてからおよそ7年経つころに乳歯が抜け、永久歯が生えて、身体の成長は一つの節目を迎えます。つまり、一人の人間として生きるための、基本的な身体の仕組みが整うのです。

こうして、生まれてからおよそ7年の間、こどもたちは世界を信頼し、大人を信頼し、信頼する大人を模倣し、大人から学びながら成長するのです。すべての人を信頼し、すべてを委《ゆだ》ねて成長を遂げてきたこどもたちを満たしているものは、世界と大人への感謝の気持ち…こうしてこどもたちの心に感謝する気持ちが育てられるのですね。

そうそう、もう一つ、私たちが心に留めておくべき大切なことがありました。それは、幼いこどもたちは、まだ物質でできているこの世界にやってきて間がありません。ですから、まだまだ生まれて来る前に暮らしていたあちらの世界に、よりなじみが深いのです。

ですから、こどもたちは時々天使や、妖精や、ノームの話をしますでしょう？　こどもたちの目には彼らの姿が見えるし、話す声も、彼らの歌う声も聞こえるのですよ。こどもたちが天使やノームの話をしても、けっして笑ったり、ましてや馬鹿にしたり、ないがしろにはしないでくださいね。どうぞ、いっしょに目を凝《こ》らし、耳を澄ましてくださいな。あなたの目にも、天使や妖精やノームがきっと見えることでしょう。

2●愛することを学ぶこども時代

7歳から14歳

あなたは家族を愛していますね。友人を愛していますね。そして世界を愛していますね。あなたはどのようにして愛するようになったのでしょう？　自然に…そうですね。私たちは「家族を、友人を、世界を愛するように」と、ことさら教えられたわけではありませんでした。それなのに、私たちは「愛する」ことができるのです。私たちは「愛すること」を自然におぼえました。自然に…どうやって？　それは…周囲の人に愛されることによって…ではないでしょうか。私たちは愛されることによって、愛することを学んだのです。

こどもたちをとりまく環境が愛に満たされていたら、こどもたちは愛に包まれ、愛に浸《ひた》されて、愛そのものとなり、彼らの内から自然と愛が周囲にあふれ出るのです。それこそが彼らが家族を愛する、友人を愛する、世界を愛するということなのです。

いずれ自立し、自由な一人の人間として生きるために、こどもたちは小学校に入学し、必要なことを学び始めます。この時期のこどもたちの内ではもっとも「心」が成長します。つまり、感じる力が育つのです。生まれてからこれまでに、身体が成長し、生きるために必要な身体の機能が整いました。そして同時に、身体を自らの意志で自由に動かすことができるようになるために、意志の力が育ちました。

「それでは、幼児期のこどもたちには『感じる心』がなかったのですか？」と疑問に思われる方がいらっしゃることでしょう。ええ、勿論《もちろん》、幼いこどもたちの内にも「感じる心」はありました。けれど、その心は「好き」「嫌い」という対極にある二つの感情、つまり「共感」と「反感」だけだったのです。そしてその在り方は…自分にとって都合の良いこと、好ましいこと、心地よいことに「共感」を持ち、自分にとって都合の悪いこと、疎《うと》ましいこと、心地悪いことに「反感」を持つ、という在り方でした。

つまり、幼児期のこどもたちの「感じる心」は、「心地良い」「心地悪い」に左右される本能的なものだったのです。

けれど今、こどもたちの心は単なる「共感」と「反感」だけによって「世界を感じる」という時期を過ぎました。困っている友人を助ける自分自身を誇りに思う。幼い妹のために自分の大切なものをあげて妹の喜びを共に喜ぶ。善を行なう人を尊《とうと》び敬《うやま》う。勇敢な生き方に憧《あこが》れる。未来に希望を持つ…というように、彼らの感情は実に豊かで彩《いろど》りのあるものに変容しつつあるのです。

つまり、「共感」は単に自分の都合の良いこと、好きなこと、心地良いこと、欲求が満たされることに対してだけ感じるものではなくなり、同時に「反感」もまた、自分の好みに合わないこと、自分にとって不都合なこと、不利益なこと、心地悪いことに対する感情だけではなくなってきたのです。不正な行いを憎む。虚偽《きょぎ》を嫌う。悪をしりぞける。卑怯《ひきょう》なふるまいに対して憤《いきどお》るというように、彼らの「反感」は深みと趣《おもむ》きのある感情に変容してきたのですね。

そしてまた「共感」は、美しいことば、善なる行為、正しい考え、尊い存在、気高い心、法則につらぬかれた自然のたたずまいなどに感じる、豊かなものに成長してきたのです。皆さまは、こどもたちの内に顕《あら》われるその変化を見て取ることができますか？

こどもたちの内で起こるこのような変容や成長を促し、支え、助ける…それが私たち大人の役割なのです。

では、どのようにして？ こどもに関することで問いが生まれた時、私はいつでも自分自身に置きかえて考えます。身体に備えられたさまざまな機能を高め、身体を自分の意志のまま自由自在に動かすことができるようになりたい…と願う時、私は運動やエクササイズをすることによって身体を鍛《きた》えようと努力します。

では、心の働きを強めたい時には、どうするでしょうか？　同じように、心を鍛《きた》えます。どうやって…心の働きを強めるということは「感じる力」を強めるということですね。身体が動くようになるために、身体を動かして鍛えたように、心が動くようになるためにも、心が動くことを行えばよいのです。それでは、どんな時に私たちの心は動くのでしょうか？　文字どおり「感動」する時、私たちの心は動きます。ですから、こどもの内の「感じる心」を育てたい、「感じる心」を強めたいと願うなら、こどもにたくさんの感動を体験させることが必要なのです。

皆さまはどんな時に感動されますか？　今日一日をふりかえって、感動された瞬間を思いおこしてください。空がしらじらと明けてきた時。夜明け前の空に金星を見つけた時。山の端に朝日がふれた瞬間。気持の良い風が頬《ほお》をなでて通りすぎた時。横断歩道を渡るこどもに手を振った時。草をはむ馬と目があった時。カッコウの声におどろかされた時。いたどりの葉の裏にしがみついている毛虫を発見した時。スタッフと「おはよう」と声をかけあった時。こどもが描く絵に美しい色を見た時。孫に「おばあちゃーん」と呼ばれた時。受講生から真摯《しんし》に問いかけられた時。パートナーの駄洒落《だじゃれ》にお腹をかかえて笑った時…書いても書いても書ききれないほどの感動を、私は毎日味わっています。

皆さまはいかがですか？　感動した時、皆さまは心に何を感じますか？　私は愛を感じるのですよ。私はこの人に愛されている。私もこの人を愛している。私は世界に愛されている。私も世界を愛している…と感じるのです。

こどもが感動する時にも「愛されている、愛している」という思いが生まれているのだと、私は確信しています。ですから、「感じる心」が育つ7歳から14歳のころ、こどもは感動しながらさらに「感じる心」を成長させ、そのことによってこどもは「愛され、愛す」ことを学んでいくのだと思うのです。

こどもがたくさんたくさん感動することができる環境の中で、感動する人びとに取り囲まれて暮すことができるといいですね。そのために私たちができることはたくさんあります。こどもたちの環境を美しいもの、善なるもの、真なるもので満たすこと。こどもの周囲に暮らす私たち自身が美しい行為をし、善なる思いを抱き、真なることばを話す…そうすれば、こどもたちの心はいつもいつも動かされるにちがいありません。そして、心を動かされた、自然と人に愛を感じながら生きることができるにちがいありません。

こうしてこどもたちは、愛すること、愛されることを体験しながら、大切な人生の第2期を過ごし、成長してゆくのです。もちろん、私たちが語るお話に美と善と真実がこめられていたなら、そして私たちが愛を持って語ることができたら、こどもたちは私たちから、そして物語から大きな愛を受け取ることでしょう。

3●務めを果たすことを学ぶ思春期

14歳から21歳

皆さまは「私は私、私以外の人はみんな他人。私は世界でたった一人。お父さんもお母さんも私とは違う人」と感じた瞬間を覚えていらっしゃいますか？　そしてその瞬間に、長い眠りから覚めたように感じはしませんでしたか？　その時初めて世界がはっきりと見えたように感じたのではありませんか？　それは9歳、10歳くらいの頃でしたか？

私たちの内で初めて「自我意識」が生まれるのは、3歳の頃だということを3章の2（79ページ）に書きました。その「自我意識」がさらに飛躍的に成長するのが9歳の頃なのです。それでその頃、多くのこどもが「私は私。私は私以外の誰でもない」「私以外はみんな他人」という意識を強く持つようになるのです。

思い出されたでしょうか？　それ以来、皆さまは「私自身」を生きていらしたのですね。「私はこうする」「私はそうは決めない」「私はこう感じる」「私はこう考える」…という

「私自身」を生きていらして、今に至ったのですね。

　さて、「自我意識」を強く持つようになった9歳以前のあなたの在りようを、少し思い出してください。それ以前に、あなたはお父さんやお母さんの存在を特別に意識したことがあったでしょうか？　お父さんがそばにいることも、お母さんが一緒にいることもごくごく自然のことだと感じていたのではありませんか？　お父さん大好き！　お母さん大好き！　いつも一緒にいたい！　きっとそんなふうに思っていたことでしょう。

「えっ、そうかしら？　そんなふうに思っていたのかしら？」…そう、「自我意識」が生まれる以前の私たちは、自分がどのようなことを感じ、どのようなことを考えていたということさえ意識することがなかったのです。ですから、覚えていないのは当然です。なぜならそのころは、自分がそのような在り方をしているということを意識させる「自我」が、あなたの内に育っていなかったのですから。

　あなたのお子さんは今9歳8ヶ月…「どうしていつもあんなに不機嫌なのかわかりません。いったいどうしたのでしょう？　これまではとても素直で良い子だったのに」…そう嘆《なげ》くあなたのお気持ちは十分理解できます。けれど、あなたがかつてそうであったように、お子さんもある日とつぜん、「お母さんは私と違う人だ」と気づいたのです。あなたはそうではありませんでしたか？　気が付いたら、あなたのまわりはすべて他人…「私はひとりぼっちなんだ」…という思いに襲《おそ》われ、孤独で、不安で、恐ろしくてたまらなかったのではありませんか？　そのうえ、よーく見ると、それまで信頼していたお父さんがとてもだらしのない人に思えて…それまで大好きだったお母さんが曖昧《あいまい》なことを言うのが許せなくて…それまで心から尊敬していた先生の言っていることとしていることが違う、と分かって裏切られたように感じ…それまで甘えていたおばあちゃんがなんとなく疎《うと》ましく…自分でもその原因が分からず、悩み、苦しみ、悲しみ、苛《いら》だち…もちろん、あなたは自分がどんな状態に在るかということを知る由《よし》もなく、ただ孤独で、不安で、恐ろしくて…それがあなたのことばや行為にあらわれて、さらに周囲の人を悲しませ、怒らせ、苛だたせてしまったのでしたね。

あなたのお子さんたちにも今、同じことが起きているということがお分かりですか？　それは、彼らの内で成長した「自我」が、「私は私。私は私以外の誰でもない」ということを、彼らに強く意識させるようになったためなのです。「私」という「自我意識」が強められたことによって、彼らは「私のまわりには私ではない、私とは違う人がいる」ということに気付いたのです。こうして、彼らはついに他者に出会ったのです。

それは同時に、彼らが彼ら自身と出会ったということでもあります。なぜなら、世界に出会っているのは、そして、他者に出会っているのは他ならぬ「私」なのですから。

世界に出会った時、私は「私は世界をどのように感じ、どのように考え、どのように行為しているか」ということを認識します。他者に出会った時、私は「私はこの人をどのように感じ、どのように考え、この人に対してどのように行為しているか」ということを認識します。そうして私がどのような在り方をしているか、気付くのです。こうして彼らは今初めて彼ら自身に出会いました。

自分に出会い、世界に出会ったこどもたちは、13、14歳くらいになるとさらに世界に向かって目を見開き、世界が語ることばに耳を傾け、世界を味わい、世界に触れながら「世界を知りたい、世界を理解したい、そして世界の中で生きていきたい」と考えるようになります。それは、他者に向かって心開き、他者に関心を持ち、他者に心を傾け、他者と関わりながら、「他者を知りたい、他者を理解したい、そして他者と共に生きていきたい」という願いでもあるのです。

「世界を知り、世界を理解し、世界で生きる」ために、そして「他者を知り、他者を理解し、他者と共に生きる」ために、こどもたちは今、自らの内にわき上がってくる孤独感や不安感、焦燥感《しょうそうかん》、そして苛《いら》だつ気持ちと懸命に闘《たたか》っています。そして学んでいるのです。

世界を知り、他者を知ることによって、こどもたちは世界と他者に対して自分が何をすべきか、を理解するようになります。つまり、自分は世界に何を求められているのか、他者は自分に何を求めているのかを知るようになるのです。世界に対する「自分の務め」、また他者に対する「自分の務め」を知るのです。

ですから今、こどものまわりにいる私たち大人の役割は、こどもたちが「自分の務め」を知ることができるよう助け、促し、支えることなのです。そして、こどもたちに理想の世界と人の在り方を示し、共に理想の世界を築くことをめざし、共に理想の人間になることをめざすのです。

ここに書いた、こどもの成長の発達と段階は、およそ100年前に、ドイツを中心に活動したルドルフ・シュタイナーという思想家が示した人間観に基づくものです。彼は「人間はおよそ7年ごとに、新たな成長の段階に進む」と言いました。皆さま、もう一度ご一緒に考えてくださいますか。

こどもを育てたことのある親御さん、または保育に関わる仕事をされている方ならどなたでも気付かれることと思いますが、生まれてから乳歯が永久歯に生え変わるころまでの間に、こどもの身体は一生の内でもっとも成長を遂《と》げ、生きるために必要な基本的な力を獲得します。すなわち、「歩く」「話す」「考える」（もちろん、成人のようにということではありませんが、その芽が生まれます）ことができるようになりますね。この時期に私たちがしなければならないことは、こどもの身体がすこやかに成長するために必要な環境を整えること、そしてまた、模倣《もほう》をとおしてすべてを学ぶこどもたちの良き手本となることなのです。

この劇的な成長は6歳、7歳前後に乳歯が抜けることで終わり、永久歯が生え揃《そろ》うところから新たな7年を迎えます。その第二7年期の初めに、こどもは学校という学びの場に通い始め、導いてくれる教師に出会い、友人に出会い、世界に出合います。そして、こどもたちは9歳ころに自我意識に目覚め、自分が世界でたった一人の存在であることに気付きます。そして同時に目覚めた自我によって、こどもたちは思考を始めます。この大きな節目を乗り越え、こどもたちはやがて、それぞれが持つ性の特徴が身体に顕《あら》われることを体験します。こうした心身の大きな変化、変容に大きく心を動かされて、こどもたちの内で深く、幅広く、そして彩《いろど》りのある感情が育てられるのです。この時期のこどもたちに私たちがしてあげられることは、こどもたちが感動しうる機会を多くつくり、彼らの心が育つ助けをすることですね。

さて、13、14歳くらいになり、人生の第3期に入ると、こどもの思考の力はますます強まり、法則や真理に心を寄せ、世界の謎解《なぞと》きに挑戦しようとします。また、人智を超えた力や存在にも関心を持ち、さらに自分自身で創りあげた理想の世界を思い描くようにもなります。このころのこどもたちは、私たちに理想の世界と理想の人間の在り方を示すよう、求めます。そして同時に、私たちに彼らと共に理想に向かって歩むことを求めます。私たちは全力で彼らの求めに応じなければなりません。私たちが真摯《しんし》に応えることを怠《おこた》った時、彼らは深く絶望し、自暴自棄《じぼうじき》に追いやられることがあります。

教育の役割は言うまでもなく、こどもがすこやかに成長することを助け、それを促すことです。私たちは子どもが成長するどの段階で、どのような力がこどもの内で育てられるのか、正しく理解する必要があります。そのためには何よりもこどもをよーく観察することが大切です。こどもをよく見、こどもをよく聴《き》くと、必要なことはすべてこどもが教えてくれます。ルドルフ・シュタイナーが示す人間像に依らずとも、私たちがこどもたちをよく見、よく聴くことができれば、必要なことはすべて、彼らが教えてくれるでしょう。

第3章

年齢にふさわしいお話

1・心に届く小さなお話

生まれてから2歳半ころのこどものために

ひかりの国から　やってきたあなた
だから　いまでもひかりにつつまれて
ひかりとともにいるあなた
そのひかりが一生涯
あなたとともにありますように

私たちが話しかけることばを、赤ちゃんは分からないと思いますか？　いいえ、そんなことはありません。赤ちゃんはみーんな分かっているのです。赤ちゃんの身体はことばを発することができるほど成長していないので「分かっている」ということを、私たちにことばで伝えられないだけなのです。赤ちゃんは私たちの話をちゃーんと聞いているのです。その証拠に、呼びかけられると声がする方に顔を向けるではありませんか！　ほら、あん

なにうれしそうに！

赤ちゃんは私たちのことばを聞いているのです。そして分かっているのです。ですから、私たちはいつでも美しいひびきを持つことばを話し、真実を表すことばを話し、正しいことを伝えることばを話さなければなりません。汚れたことば、虚偽のことば、正しくないことばを話す時、赤ちゃんの体も心も傷つき、汚れてしまいます。そんなことはしたくありませんねえ。

赤ちゃんにいっぱい、いっぱい話しかけてください。あなたが赤ちゃんのそばを離れる時には、そう伝えてください。「お台所でやかんがしゅんしゅんなっているから、ちょっと行ってくるわね」と。くれぐれも、だまって赤ちゃんの前から消えてしまわないように！　そして、戻ってきたらまた声をかけてください。「戻ってきましたよ。おとなしく待っていてくれてありがとう」と。

赤ちゃんが泣いたら「どうしたの？」と尋《たず》ねてください。赤ちゃんが声をあげて笑ったら、一緒に笑ってください。眠くてぐずったり、暑くて泣いたり、お腹がすいて機嫌が悪い時には…こんなお話をしてみてくださいな。

●――眠くて、ぐずっている時に

眠いのに眠れないの！　私眠いんだから静かにしてちょうだい！　この部屋、暑すぎて眠れないよ！　どうしてだか分かんないけど、眠いのに眠れない！　…そう言いたいのに言えなくて、赤ちゃんはぐずります。私たちがそれを察することができないと、泣き出します。赤ちゃんはことばで訴えることができないのですから、すぐに分かってあげたいものですね。

ねんねの国へ

ねんねの国の天使がきょうこちゃんを迎えに来てくれましたよ。さあ、天使の翼に乗って、ねんねの国へ行きましょうねえ。まあ、天使の翼はなんて大きくて、やわらかくて、暖かいんでしょう！　そして虹のように美しく輝いているわ。なーんにも心配することはありませんよ。お母さんもきょうこちゃんと一緒にねんねの国に行くのだから。さあ、天使の翼に乗せてもらいましょうね。

ねんねの国でぐっすり眠って、そしておめめが覚めたら、またおっぱいをどっさりあげますからね。それに、明日は日曜日だから、お父さんも、お兄ちゃんもおうちにいますよ。みんなで一緒に海へお散歩に行きましょうか。かもめさんが「きょうこちゃん、大きくなったね」って、びっくりするでしょうねえ。だって、きょうこちゃんはいっぱいねんねして、いっぱいおっぱい飲んで、とってもいい子なんですもの。

さあ、さあ、おやすみ！　きょうこちゃん。

暑くて、泣いている時に

暑くて、暑くて…大人でさえ堪《た》え難いほどの暑さに、赤ちゃんは「暑い」とも言えず、ぐずぐずむずがり、泣きます。かわいそうに…うちわでやさしい風を送りながら、こんなふうに語りかけてあげたら、赤ちゃんも少しは心地よくなるでしょうか。

風の妖精さん

まりこちゃん、暑いのね。涼しい風が吹いたらどんなに気持ちがよいことでしょう！

風の妖精さんに「気持ちのよい風を吹かせてください」って、お願いしましょうね。

『風の妖精さん、今日はお日さまがとっても元気がよくって、暑くて暑くてたいへんです。こんなに暑くてはまりこちゃんが眠れません。どうぞ、涼しい銀の風を吹かせてください。お願いします』

しっ、しーっ…ほーら、まりこちゃん、耳をすましてごらんなさい。鈴の音が聞こえてきたわ…チリチリ、チリチリチリ…。風の妖精さんが銀の鈴をならしているのね。もうすぐ涼しい風が吹いてくるわよ。

ほーら、ほら、お山の上の雲が流れ始めた！　峠の向こうのぶなの木の葉っぱも揺れている！　ああ、風がだんだんこっちに近づいてくる！

…とうとうここまでやって来た！　まりこちゃんの頭にも、ほっぺにも、鼻の頭にも、肩にも、お腹にも…風がいっぱい吹いている！　吹いている！　涼しいわねえ、気持ちがいいわねえ。よかったわねえ、まりこちゃん！

銀の風を運んできてくれた、風の妖精さんにありがとうを言いましょうね！　『ありがとう、妖精さん！　銀の風をありがとう！』

●お正月ってなあに？　と聞かれたことありますか？

元旦に、両親につれられて新年のあいさつに来た孫にそう聞かれたのです。さあ、なんて答えましょう？　一瞬頭をひねりました。そうそう、一年の最初の日ですもの、お日さまのお誕生日に決まっているじゃない！　どうして今まで気が付かなかったのかしら？

お日さまのお誕生日

お正月には「あけまして、おめでとうございます」って、みんながごあいさつするでしょう。それは、「今日はお日さまのお誕生日ですね、おめでとう」「お日さまがいてくれて、よかったね」「お日さまのおかげで、いつも明るくて、あったかくて、嬉《うれ》しい気持ちです」っていうことなの。

むかーし、むかーし、そのまたむかーし…どれくらい昔なのか、今では誰も知らない、そんな大昔、神さまがお日さまをお創りになりました。世界があんまり暗くて、神さまは「光があって、明るかったらどんなに楽しいだろう、どんなに嬉しいだろう」とお考えになったのです。そして、「お日さまよ、あらわれよ！」と言われました。するとそれまでまっ暗だった大空に、ぱーっと光がさして、大きくて、明るくて、あったかいお日さまが生まれたのですって。

お日さまが生まれてよかったわね。お日さま、いつもありがとう！　そして、お誕生日、おめでとう！

ごはんがすすまない時に

今日はちっとも食べないわ、どうしたのかしら？　理由が分からないと、お母さんはこどもの食がすすまない時、とても心配です。疲れているのかな？　眠いのかな？　どこか具合が悪いのかしら？　…なんとも見当がつかない時がありますね。けれど、ただなんとなく気が散って食べられない、ということもあります。そんな時に、どうぞ…。

ハトさんのお使い

お母さんがね、さっきお台所で「今日の夕ごはんは何にしましょう?」って考えていたらね、とんとんって窓をたたく音がしたの。誰かしら?　って見たら、ハトがね、緑色の豆を口にくわえながら、とんとんって窓をたたいていたのよ。窓をあけて、「どうしたの、ハトさん?」って聞いたらね、「この先のずーっと向こうの畑の上を飛んでいたら、畑で仕事をしていたおばあちゃんに呼びとめられたんです。『見てちょうだい、この豆を!　今年はいつもよりお日さまがいっぱい照って、うーんとおいしい豆がどっさりとれたんですよ!　私にはケイタという孫がいるんです。町で暮らしているその子にこの豆を食べさせたいんですけどね、私は年寄りですぐには行かれないし、どうしたものかと思っていたんですよ。ハトさん、あなたはどこへでもかるがる飛んでゆけるのでしょう？　この豆をケイタに届けてもらえませんかねえ』と、おばあちゃんが言うんです。おばあちゃんに頼まれては…私も豆をいただいたのですが、とってもおいしくて…ケイタくんに食べてもらいたいなあ、と思ったんです。それでお届けに来ました」って、そういうのよ。

これ、おばあちゃんが作った豆なの。なんておいしそうなんでしょう！　いただきましょうね。そして、おばあちゃんに「ありがとう、おいしかったよ」って、お電話しましょうね。

（田舎におばあちゃんがいなかったら、〈こびとさんが作った豆〉にしてはいかがでしょうか？）

●――帰りたくない！　と逃げまわるこどもへ

遊びに夢中になっているこどもを家に連れて帰るのはひと苦労ですね。もっと遊ばせてあげたいけれど、後のことを考えるとそうもいかなくて…。お話は日によって、雲やすずめ、ミミズやタンポポに変えてください。

「おやすみ」お日さま！

ショウくん、お母さんとお散歩しながら帰りましょう。お日さまも「さよなら」って、お山の向こうへ帰って行くわ。ショウくんもお日さまに「さよなら、またあしたね！」って言いましょうね。お日さまもおうちに帰ったら、夕ごはんを食べて、お風呂に入って、お母さんのお話を聞いて、ろうそくに火をともして、お祈りをして…ねんねするんでしょうねえ。

お日さまはどんなパジャマ着て寝るのかなあ？　どんな夢見るのかなあ？　またあした、ショウくんと遊びたいなあ。何して遊ぼうかなあ？　公園に行って滑り台で遊ぼうかなあ？　砂場でトンネル掘ろうかなあ？　それとも海へ行って、かもめさんと追いかけっこしようかなあ？　って思っているわよ、きっと。

ショウくんも、早くおうちに帰って、ごはんを食べて、ねんねして、早く起きて、またあしたお日さまと遊びましょうね。

●——おもちゃが欲しい、と言いはるこどもに

デパートやスーパーで、気に入ったおもちゃを買って欲しいと駄々をこねているこどもを見かけると「やってる、やってる。がんばってるねえ、きみ！」とおもわずにっこりしてしまいます。けれど、お母さんにしてみれば、こどもの言いなりになってはいけない！　けれど、通りがかりの人はジロジロ見るし、腹は立つ、情けなくなる…もちろん、そんな時はこどもを脇にかかえてさっさとその場を立ち去ることがいちばんです。そして、夜のお話タイムには…。

クマさんをおうちにつれていかないで！

ねえ、よしこちゃん、お店に並んでいるおもちゃはね、夜になると、みんなで楽しく遊ぶんですって！　昼間はお客さまがいるから、すましてじっとしているけれど、夜になるとお客さまもお店の人も、みーんなお家へ帰るでしょう。すると「おーい、みーんないなくなったよ。おうちに帰ったよ。さあ、遊ぼう！　みんな棚から下りておいでよ」って、あのクマさんが声をかけるの。そう、よしこちゃんが「これほしい！　おうちにつれて帰りたい」って言ったクマさんよ。クマさんは大きくて、強くて、かしこいから、他のおもちゃはみんなクマさんが大好きでね、クマさんが声をかけてくれるまで待っているのね。

もし、よしこちゃんがクマさんをおうちにつれて帰ったら、「さあ、遊ぼうー」って、声をかけてもらえなくなって、おもちゃたちはとってもさびしくなるのよ。そうしたらかわいそうでしょう。

「よしこちゃんがクマさんが欲しい！　おうちにつれて帰る！」ってがんばっていた時、おもちゃは心配そうにしていたわ。よしこちゃんにクマさんをつれていかれたらどうしようって思っていたのね。だから、クマさんをおうちにつれて来なくてよかったわね。よしこちゃんがクマさんに会いたくなったら、またお店に行きましょう、ね。

お花が好きなやさしい女の子へ

お花が大好きな女の子がいました。女の子の名前はヨウコと言いました。ヨウコは毎日お花の世話をするお母さんのお手伝いをします。「お花は大事にしましょうね」「花壇にどしどし入ってはいけませんよ」と言うより、こんなお話をしてあげたら、こどもがお花と仲良しになれるかな、と思います。

また、身体の具合が悪くなった時、こどもが薬を飲めなくて困った時にも、いいかもしれませんね。

チューリップがくれたシロップ

ある日、ヨウコちゃんが風邪をひいて高い熱を出しました。まっ赤な顔をして、ハアハアと苦しそうに息をしています。お母さんは心配で心配でたまりません。氷枕を当てたり、ショウガ湯を飲ませましたが、熱は下がりませんでした。

その時、ヨウコちゃんのベッドのわきを一匹のアリが通りがかりました。「朝ごはんに食べたパンのくずが、テーブルの下にいっぱい落ちてるよ！」という知らせを仲間から聞いて、大急ぎでやってきたのです。

お母さんがヨウコちゃんに話しかけています。「ヨウコちゃん、苦しいのね。お水が飲みたい？　それとも、りんごをすったのを食べる？」…ヨウコちゃんの声は聞こえません。ただハア、ハアという息づかいが聞こえてくるだけです。アリは「たいへんだ！　いつもお庭でお母さんと一緒に、花の世話をしてくれるヨウコちゃんが病気で苦しんでいる！　なんとかしなくちゃ！」と思いました。

そこで、パンくずをとりに行くのをやめにして、大急ぎでお庭に戻り、仲間に知らせました。「おーい、たいへんだ！　ヨウコちゃんが熱を出して苦しんでいるよ。みんなで助けてあげようよ!」

するとと、黄色いチューリップが言いました。「まあ、あのヨウコちゃんが! ヨウコちゃんはいつも私にやさしくお水をかけてくれるんですよ。どうぞ私の花のシロップをあげてくださいな。このシロップを飲んだら、すぐに熱が下がりますよ」。赤いチューリップのお母さんも言いました。「そうそう、おととい、うちの子も高い熱を出したんです。けれど、朝いちばんにとったシロップを飲ませたら、熱はすぐに下がりましたよ。私のシロップもどうぞ、持っていってください」。

庭に咲いていたチューリップが口ぐちに、「私のシロップも…」「私のも持っていって!」と言うのでした。最後に白いチューリップが言いました。「シロップを入れるつぼがなければヨウコちゃんのところへ持っていかれないわ。どうぞ、私をつぼのかわりに使ってくださいな」。

アリは言われたとおり、集めたシロップを白いチューリップの花の中へ入れました。そして、仲間を集めてシロップをヨウコちゃんの枕もとへ運びました。

「ヨウコちゃんのお母さん、チューリップのシロップです。これを飲んだら、すぐに熱が下がるって、チューリップたちが言っていました。どうぞ、ヨウコちゃんに飲ませてあげてください」。

お母さんは「ありがとう。ヨウコちゃん、チューリップの花のシロップを、アリさんが持ってきてくれたのよ。シロップを飲んだらきっとすぐに熱が下がるわ。よかったわね」

そう言って、すぐにシロップをヨウコちゃんに飲ませました。するとヨウコちゃんはまるでチューリップの花びらに包まれたようにとってもいい気持ちになりました。そしてぐっすり眠り、目が覚めた時にはすっかり熱が下がって元気になっていたのです。

元気になったヨウコちゃんは、今日もお母さんと一緒に庭でお花の世話をしています。チューリップとアリさんに「ありがとう！」って言いながら…。

おもちゃの片づけができない時に

ある夏のはじめの午後、「ひびきの村」の保育園に、こどもをつれたご夫婦が訪ねてきました。3歳のトシキくんが一緒でした。トシキくんは保育園の棚に並んでいる木の実や小枝、貝殻、石ころや毛糸が気になって仕方がありません。「いいわよ、遊んでちょうだい」と言うと、よろこんで遊び始めました。お父さんとお母さんのご用がすみ、「さあ、帰りますよ。片ずけましょうね」とお母さんが言っても、「トシキ、もう帰るんだよ。ありがとうと言って片ずけような」とお父さんが言っても、トシキくんは「まだ」「いやだ」と言いはります。そこで、私はこんなお話をしました。

みんな一緒！

トシキくん、おもちゃたちが言ってるよ。「私たちと遊んでくれてありがとう。保育園のお友だちが帰ってしまった後、いつでも夕方はしーんと静かでとってもさびしかったの。でも、今日はトシキくんが遊んでくれたので、さびしくなかった。とっても楽しかったわ。トシキくんはおうちを作るのがとっても上手なのね。いろいろな木や布を使って、すてきなおうちができたのでびっくりしたわ。それに、トシキくんの作ったおうちには台所があって、たくさんごちそうを作ってくれたわね。私たち人形にもごちそうしてくださって、ありがとう！　ハンバーグも、おにぎりも、スパゲッティーも、お味噌汁も、サラダも…トシキくんが作ってくれたもの、みーんなおいしかった！　でもね、もう私たちも自分のおうちに帰りたいの。お風呂に入って、きれいになって、ゆっくり眠らなくちゃ！　だって、明日また保育園のこどもたちが来るでしょう。そしていっぱい遊ぶから…。だから、私たちをおうちに帰してくださいね」って。

トシキくん、遊んでくれてほんとうにありがとう！　おもちゃたちがとっても楽しかったって、喜んでいるわ。でも、もうみんなおうちに帰る時間になったのね。だから帰してあげましょうね。そしてトシキくん、またきっと来てね。

寝たくない！　こどもたちへ

元気なこどもほど「寝たくない！」のです。もっともっと遊んでいたいのです。特別楽しいことがあった日は、できることなら一晩中、起きていたいのです。

お月さまと星たち

こどもたちは毎晩パジャマに着替えると、迎えに来た天使と一緒に「ねんねの国」へ行きます。だから「ねんねの国」では毎晩、お月さまとお星さまが、こどもたちがやってくるのを今か、今かと待っているのです。だって、お月さまもお星さまも、こどもたちと遊ぶことを何よりの楽しみにしているのですから。

けれど、今夜はどうしたというのでしょう？　お月さまもお星さまもずーっと待っているのに、ショウくんも、シホちゃんも、マリちゃんもタクトくんも、ユウヤくんも…まだ、だあれも来ないのです。

「どうしたのかしら？」

「こどもたちは何をしているのだろう？」
「何か大変なことでもあったのかな？」
「早く来てくれるといいですねえ」

お月さまとお星さまはあんまり待ちくたびれたので、こどもたちを迎えにいくことにしました。そして首をながーくして、こどもたちのおうちの窓から、中をのぞいてみると…。ショウくんの家におおぜいの人が集まっています。おじいちゃんとおばあちゃん、おじさんとおばさん、いとこたちもいます。お友だちもいます。なあんだ、そうか。今日はショウくんの誕生日だったんだ。それで、みんな集まってお祝いしているんだね。ごちそうがたくさん並んでいる。おいしそうなケーキもあるよ！

だいじょうぶ！　誕生日のお祝いが終ったら、みんなパジャマに着替えて「ねんねの国」へきっと来るから…。お月さまとお星さまはホッと胸をなでおろし、そーっとお空に帰って行きました。「ショウくん、お誕生日おめでとう」って言いながら。

2●ちょっぴり芽生えた自我を大切に

2歳半から4歳半ころのこどものために

自分の意志で　自分の体を
自由にうごかすことができるようになった　あなた
自分の意志を　ことばをとおして
つたえられるようになった　あなた
「はい」とも言え
「いや」とも言える!
すばらしい　あなた

2歳くらいになると、こどもは私たちが話しかけることばを理解し、会話ができるようになります。私には二人の息子がいますが、長男が2歳になったばかりのころ、彼と初めて会話らしい会話をすることができました。その時の喜びを、今でも私は忘れません。

そのころ夫は仕事で忙しく、帰宅するのは毎晩夜中近くでした。その夜も夫を待たずに、長男と二人で夕飯を食べていました。「お母さん、ハンバーグおいしいね」…そのころいちばんの好物だったハンバーグをほおばりながら、長男がそう言ったのです。「そう、よかったわね。イチロウはハンバーグが大好きだものね」「うん、また作ってね」…たったこれだけの会話でしたが、彼とことばのやりとりが成立したのは初めてでした。私はほんとうに嬉しかったのです！

ああ、これからは彼と話ができるのだわ！　彼が感じたことや体験したこと、考えたことをことばで伝えてもらうことができるのだわ！　そして、私も感じたことや体験したこと、考えたことをことばで彼に伝えることができるのだわ！　そうして彼と理解しあうことができるのだわ！　と…。

それからは昼となく夜となく、彼と話をすることが楽しみになりました。

こどもが2歳、3歳になる頃、ことばの意味を理解し、話すことができるようになるのはどうしてなのか、皆さまはお考えになったことがありますか？　それには二つの理由があります。一つはあごなどの音をはっきり発するための器官が成長したため。もう一つはこの頃、こどもの内に「自我」が芽生えるためなのです。それによって、ことばでやりとりができるようになるのです。そしてまた、その「自我」がこどもたちに「私はこれが好き」「ぼくはあれ嫌い」という気持ちを意識させるのです。そうして、私たちが「こうしましょう」と言うと「いやだ」。「ああしましょう」と言っても「だめ」という現象が始まるのです。そんな時、私たちは「この子は私に反抗ばかりしている」「いやだ、いやだ、ばかり言って困った子ね」「どうしてこんなに頑固《がんこ》なんでしょう」と嘆《なげ》くのですね。皆さまも覚えがおありですか？

「さあ、歯を磨きましょう。もう寝る時間よ」「いやだ！　まだ眠くないもん」。「お日さまがあんなに照っているわよ。外で遊びましょう」「いやだ！　おうちで遊ぶ」。「お野菜も食べましょうね。お野菜は丈夫でなんでも噛《か》める強い歯を作ってくれるのよ」「お野菜嫌い！　食べたくない」…こんなことが一日中続くと、「天使のようだったわたしの子はどこへ行ってしまったのかしら？」と悲しくなってしまうことでしょう。

けれど、そんなに悲しまないでくださいな。あなたのお子さんが「いやだ、いやだ」と言うのは、「お母さん、ぼくちゃんと育っているよ」「私は、私の好きなことと嫌いなことがはっきり分かるようになったのよ」と知らせてくれているのですから。

これまであなたのお子さんはあなたと一体でした。いつでも、どこでもあなたを求め、あなたと一緒にいたいと願っていました。ですから、あなたの姿がちょっとでも見えないと不安で泣きました。いつでも、どこでも、誰といても、何をしていてもあなたを求め、あなたの姿を見ると安心したものでした。

けれど、あなたとお子さんの蜜月《みつげつ》時代は終ったのです。自らの内に芽生えた「自我」が、こどもたちに「私はこれがしたい」「私はこれはいらない」「ぼくはあれが嫌い」「ぼくの食べたいものはこれ」…と意識させ、こどもたちはその欲求を遂げたいと望むようになるのです。

冷たい風の中に、コートを着ずに出ると言いはる息子に

その日はことのほか寒い北風が吹いていました。それでも外へ出て遊びたいと言う息子に「じゃあ、コートを着ましょうね」と言っても、それもいやだと言いはります。ほとほと困っていると、カラスが飛んで来て電柱にとまる姿が私の目に映りました。「いちろうくん、見て！　カラスがあんなに立派なコートを着ているわ。黒くてぴっかぴか！　それに、なんてあったかそうなんでしょう！」そう言って、即席のお話をしましたら、あら不思議！「コート着る」と言って、自分で取りに走っていったのですよ。

カラスのコート

見てごらん！　カラスが来たよ。ほら、カラスはあんなに立派なコートを着ているよ。まっ黒で、ぴかぴかのコート！

「いちろうくん、遊ぼ！　早くお外へ出ておいでよ。そして一緒に遊ぼうよ。外は寒いからコートを着てきたほうがいいよ。コートを着ないと友だちのカースケのように風邪をひくよ。おととい雪が降っただろう。その日カースケはね、お母さんに『今日は西の空に雪雲が出ているから、きっと雪が降るわ。だからコートを着て行きなさいね』って言われたのに、コートを着ないで外へ出て行っちゃったんだ。そしたら、やっぱり雪が降ってさ。それでもカースケはずーっと外で遊んでいたもんだから、すっかり風邪をひいてしまったんだ。そしてその晩、熱を出して、今日もうんうんうなって寝ているよ。風邪をひいたら外で遊べなくてつまらないよね。だからさ、いちろうくんも風邪をひかないようにコートを着ておいでよね。いつもの公園で待ってるよ。きっとだよ」って。

さあ、コートを着て早く公園に行きましょうね！

ごはんを食べないこどもに

食がすすむこどもと、そうではないこどもがいます。小食のこどもを持ったお母さんは、こどもの口に合うものをと、さぞかし苦労されていることでしょう。こどもはそれぞれ違うと分かってはいても「おとなりのケンちゃんは何でも、もりもり食べるのに…」とため息をつかれているにちがいありません。

働きもののアリ

昨日、道ばたでアリさんの行列を見たの。アリさんたち、ビスケットのくずを一生懸命運んでいたわ。おうちにはこどもがたくさんいてね、お父さんアリや、お母さんアリや、お兄さんアリや、お姉さんアリが食べ物を持って帰ってくるのを待っているのよ。アリのこどもたちはなんでも食べるんですって。お父さんアリや、お母さんアリや、お兄さんアリや、お姉さんアリが運んできてくれるものはどんなものでも「おいしい、おいしい」って言って、よろこんで食べるんですってよ。

昨日、お父さんアリとお母さんアリがこんなことを話しているのを聞いたわ。「よかったね。重くてたいへんだったけど、がんばって運んできてよかった、よかった」「そうですね。こんなによろこんで食べてくれるのですから、ちょっとくらい大変でも働かなくちゃいけませんね」「さあ、少し休んだら、またひと働きするか！」って。

でもね、雨がざんざん降る日や、風がビュウビュウ吹く日や、お日さまがかんかん照る日は、アリさんたちは外へ食べ物を探しに行くことができないの。だって、アリさんの体はとても小さいから、雨でぬれると歩けなくなるし、風が吹くと吹きとばされるし、お日さまがかんかん照るとぐったりしてしまうのよ。

そんな日が続くと食べるものがなくなって、こどもたちはお腹がすいて、お腹がすいて…泣くこともできないくらい、弱ってしまうんですって。そんなこどもの様子を見て、お兄さんアリが「弟や妹たちのために、食べ物を探してくる」と言ってでかけたんですって。お父さんアリが「あぶないからやめなさい」って言ったんだけど…。お兄さんアリが外に出たとたんに、強い風がビュウッと吹いてきてね、アッという間にお兄さんアリは風にとばされて、池に落ちてしまったの。

あんまり風が強くて、誰も助けに行かれなかったんですって。ほら、2、3日前に風がビュウビュウ吹いたことがあったでしょう、あの日のできごとなのよ。

アリさんたちは「お腹がすいたなあ」と思った時に、いつでも食べ物を食べられるわけじゃあないのよ。

ミッくんはいつでもおいしいごはんやおやつを食べられていいわね。ありがたいわね。

お昼寝の嫌いなこどもへ

お昼寝の好きなこどもを見たことがありません。私も嫌いでした。せっかくおもしろく遊んでいたのに「お昼寝の時間ですよう」なんて言われて…しぶしぶ横にはなるものの、ぜーんぜん眠くなんかありませんでした。「ふーっ、ふーっ」と大きなため息ばかりが出て…それでも知らない間に眠ってしまうのが常でしたが…。二人の息子も、そして彼らのこどもたちもお昼寝が嫌いなのです。

そよ風の国へ

まあ、なんて気持ちのいい風なんでしょう！　いちろうくん、風さんが迎えに来てくれたわよ。「早くそよ風の国へ行きましょうよ！」って。夜、ねんねした時は「ほしの国」へ行くのね。そしてお昼寝した時は「そよ風の国」へ行くのね。そよ風の国はいつもあったかーいお日さまがにこにこ笑っていて、ふんわり雲が浮かんでいて、しらかばの葉がチラチラおどっていて、黄色や赤のチーリップが笑っていて、みつばちがぐるんとまわって、ちょうちょがヒラヒラおどって、そしていつでも、どこでもそよ風が吹いていて…それはそれは気持ちがいいのね！

今日はお母さんもいちろうくんと一緒に「そよ風の国」に行こうかな！　ああ、早く行きたいなあ！　そよ風の国へ行ったら何をしましょうか？　かくれんぼ？　お買い物ごっご？　それとも、お砂場でホリホリする？　おにごっこがいいかな？　そうだ、お父さんと一緒に作ったトリーハウス*で遊びましょうか！

さあ、おめめをつむって、風さんに運んでもらいましょうね！　ああ、風さんが「もうこれ以上待てませんよ。ぐずぐずしていたら、みんなにおいていかれますよ。ほらごらんなさい。もうみんなあの雲の上を飛んでいますよ」って言っているわ。さあ、いちろうくんも目をつむって、そよ風の国へ行きましょうね。

「風さん、風さん、いちろうくんとお母さんを、そよ風の国へ運んでくださいな」

● 雨なのに長靴をはかないこどもへ

こどもはかんたんにスポっとはける長靴が大好きですね。ところが、たまたますてきなスニーカーをおばあちゃんからいただいた息子は、雨が降るのに「長靴ははかない、スニーカーをはく」と言いつづけた時期がありました。スニーカーがぬれ、よご

＊木の上に作った手作りの家。

れることはかまわないのですが、「季節や天候が変わるにつれて、それにふさわしく振る舞う」ということを少しずつ感じられるようになったらいいな、という願いをこめて作ったお話です。

水たまり!

さっき、お母さんが玄関に行ったらね、小さな話し声が聞こえてきたの。誰が話していたと思う? そう、長靴をはいたノームと、スニーカーをはいたノームだったわ。二人はお母さんがいることに、ぜーんぜん気がつかないみたいだった。だからお母さんも知らんぷりして、そーっとお台所に戻ってきたの。そしてドアをあけたままにして、ノームたちの話を聞いていたの。ノームたちが何を話していたか知りたい? こんなことを話していたのよ…。

「きみ、どうして長靴をはかないの?」

「だって、長靴はぶかぶかして気持ちわるそうだから…」

「えっ、長靴はぶかぶかしているからいいんじゃないか! スニーカーはぎゅっとしめつけられてさ、きゅうくつでしょうがないよ。それに、スニーカーはひもをほどいたり、むすんだり…まったくやっかいだぜ」

「ひもをむすぶと、スニーカーは絶対ぬげないんだよ」

「だからさ…分からないね、君も。長靴はぶかぶかしているから、しゃがまなくても立ったままですっとはけるだろう。最高！」

「でも、長靴はぶかぶかしているから、びゅーっと走れないよ」

「そりゃそうだけどさ、長靴をはいたら、どんな水たまりでもずんずん入っていけるよ。スニーカーじゃ水たまりになんか入れっこないよ」

「ぼく、水たまりが嫌いなんだよ」

「へえ、珍しいやつがいるもんだ！」

「珍しくたっていいよ。長靴なんていらないよ」

「そんなこと言わないで、まあ、はいてごらんよ、長靴を！　すっとはけるんだから。いやだったらまたすっとぬいだらいいじゃないか。まあ、ものはためしでさ」

「うーん、君がそんなに言うんなら…一度はいてみようかな」

「おっ、そうこなくちゃ！　これこれ、この長靴をはいてごらん。これ、実はこの家のいちろうくんの長靴なんだけど…」

「えっ、こんな新しい長靴、ぼくがはいてもいいの？　いちろうくんに悪いんじゃない?」

「いいんだよ。どうせいちろうくんははかないんだから。お父さんが『雨が降ったらはいたらいいよね。これなら少々の水たまりでもだいじょうぶ、ぬれずに歩ける』と言ってプレゼントしてくれたんだけどねえ。いちろうくんは君と同じでさ、長靴が大嫌いなんだよ。で、せっかくお父さんがプレゼントしてくれたのに、ぜんぜーん見向きもしないんだ」

「じゃあ、ぼくかしてもらおうかな」

「うん、いちろうくんにはいてもらえなくて、とってもさびしいって言っていたから、長靴も喜ぶと思うよ」

「じゃあ、かりるね。あっ、ほんとだ! 足を入れただけですっとはけた! しゃがまなくてもすぐはけたよ!」

「そうだろう! ぼくの言ったとおりだろ?」

「うん、ひもなんてなくてもへっちゃらだね。ねえ、すぐ外へ行こうよ。そして水たまりでびちゃびちゃ遊ぼうよ」

「そうこなくっちゃ! さあ、行こう! どろんこがはねたって、文句言うなよ」

「あたりまえだよ、そんなこと! 約束するよ」

「よし、じゃあ行こう!」

それでね、声が聞こえなくなったので、そおっと玄関へ行ってみたら、もう二人の姿は見えなかったの。そして、靴箱にしまっておいた、いちろうくんの長靴がなかったのよ。そお？　いちろうくんも長靴をはいてお外に出たいの？　それじゃあ、ノームさんに長靴を返してもらいましょうね。『いちろうくんが使いますから、お父さんがプレゼントしてくれた長靴を返してください。雨が降ったら、水たまりで遊ぶんだから』って…ね。

ばか、と言うことが好きなこどもへ

「ばかなんて言ってはいけません！」と言われれば言われるほど、こどもはおもしろがって言い続けます。きっと、私たちがキリキリする様子がおもしろおかしいのでしょう。その証拠に、だーれも反応しないと言わなくなってしまいますもの。ですから、こどもが悪いことばを言っても、深刻にとらえて過剰に反応する必要はないと思いますよ。ただ、お友だちに向かって言い続け、お友だちに悲しい思いや、つらい思いをさせてはいけませんね。そんな時には、近所に住んでいた「ばか」と言い続けるこどものためにしたお話が参考になったらいいな、と思います。

その子のお母さんに「とっても困っているのよ。何か良い考えはないかしら？」と相談された時、考えたお話です。

ばかの国

あるところに始終「ばか、ばか」と言うこどもがいました。名前は…えーっと、たしか…ひろくん…そうそう、ひろあきくんと言いましたっけ。ひろあきくんはとっても元気なこどもで、走ることも跳《と》ぶことも木に登ることも、とっても上手にできました。それに、一度聞いたことはどんなことでもすぐに覚えてしまうので、お父さんも、お母さんもひろあきくんをたいそう自慢にしていたのでした。

けれどたった一つだけ困ったことがありました。それは、ひろあきくんがお友だちに向かって「ばか、ばか」と叫ぶことでした。ひろあきくんに「ばか、ばか」と言われると泣き出してしまう子がいます。逃げていって「もうひろくんと遊ばない！」と言う子もいます。怒ってひろあきくんに砂をかける子もいます。つかみかかってくる子もいます。ですから幼稚園の先生も、とっても困っていたのでした。

ある日、幼稚園から帰ってきたひろあきくんは、仲良しのこうたくんと遊んでいました。けれど何かというと、ひろあきくんがこうたくんに向かって「ばーか、ばーか」と言うものので、こうたくんは泣いておうちに帰ってしまいました。ひろあきくんのお母さんはすっかり困ってしまい、おじいさんに相談に行きました。

「おじいさん、本当に困っています。ひろあきはどうしてあんなに『ばか、ばか』と言うのでしょう？　なんとかしてやめさせることはできないでしょうか？」

お母さんは大きなため息をつきながら、おじいさんにそう言いました。

「おもしろがって言っているだけだから、気にしないでほっておきなさい」

おじいさんはにこにこ笑いながらそう答えるのでした。おじいさんの様子があんまりのんびりしているので、『おじいさんの言うとおり、待っていたら、そのうちに、やめるかもしれないわ』そう考えて、お母さんはもう少し待つことにしました。

そうして一ヶ月たち、二ヶ月たちました。けれど、ひろあきくんはあいかわらずお友だちに向かって「ばか、ばか」と言い続けています。そこで、お母さんはまたおじいさんに尋ねました。

「おじいさん、ひろあきがお友だちに向かって『ばか』と言うくせはどうしても直りません。どうしたらいいでしょうか？」…するとこ今度はおじいさんも困った様子でしばらく考え込んでいました。そしてこう答えたのでした。

「ひろあきは悪気《わるぎ》がなく、ただおもしろがって『ばか』と言っているのだが…それでもお友だちを悲しませることにはかわりない。仕方がない、一度『ばかの国』へ連れて行ってもらうことにしよう」

「おじいさん、『ばかの国』ってなんですか？　そんな国があるのですか？」と、お母さんが聞きました。するとおじいさんはこんな話をしてくれました。

「遠い昔、私がひろあきくらいの頃のことだった。『ばか』ということばを覚えたら、おもしろくておもしろくて、今のひろあきのように、私は始終友だちに向かって『ばか、ばか』と言っていたのだよ。友だちが怒ったり、泣いたりするのがおもしろくてね。みんなに『やめなさい』と言われると、よけい言いたくなってしまって…。

するとある日、私はおじいさんに呼ばれた。そしておじいさんは『これ以上おまえがばかと言い続けたら、『ばかの国』へ連れて行ってもらうことにする。『ばかの国』には『ばか』と言うことが好きなこどもたちが暮らしている。そしてそこではみんなが『ばか』と言い合っているんだ。『ばかの国』では、どんな時にも『ばか』としか言えない。『お腹がすいた』と言ったつもりでも、『ばか』としか言えない。『家へ帰りたい』と言いたくても『ばか』としか言えない。悲しくて『えーん、えーん』と泣いても、聞こえてくるのは『ばーか、ばーか』という声だけなんだ。おまえは友だちに向って『ばか』と言うことをやめない。だから、『ばか』の国へ行って、好きなだけ『ばか』と言い続けていなさい』と、おじいさんが言ったんだ。

私はそんな国へ連れて行かれたらたいへんだ！　と思って「おじいちゃん、ぼくもう『ばか』って言わないよ」って約束した。そうしたら、おじいちゃんは部屋のすみに向かってこう言ったんだよ。

「せっかく迎えにきてもらったが、この子はもう『ばか』ということばを口にしないと約束しましたから『ばかの国』へ連れて行ってもらわなくても大丈夫です。どうぞ、『ばかの国』へお帰りください」って。すると部屋のすみから黒いけむりがモウッとたち、そして消えたんだ。それは『ばかの国』から、私を連れに来たお使いだったんだそうだ」

お母さんはたいへんびっくりしました。そしてひろあきをそんなところへ連れて行かれたら困るわ、と思いました。けれど、これ以上『ばか』と言い続けてお友だちを悲しませたり、怒らせることも困ります。そこで、お母さんは「ひろあきに『ばかの国』のお話を聞かせてください」とおじいさんにお願いしたのです。

おじいさんはひろあきくんを呼んで、こう言いました。

「よいか、ひろあき、よーく聞きなさい。おまえがこれからも『ばか』と言い続けるなら『ばかの国』へ連れて行ってもらうしかない。おまえに『ばか』と言われたお友だちがあんなに悲しんでいるからね。どうだね、もう『ばか』と言わないと約束できるかな？　それとも『ばかの国』へ連れて行ってもらって、これからも好きなだけ『ばか』と言い続けるかな？　そのかわり『ばかの国』へ行ったら、『ばか』ということば以外、何も言えなくなるんだよ」

おじいさんにそう聞かれたひろあきくんは、急いで「もう『ばか』って言いません」と約束したのでした。

それからひろあきくんは「ばか」と言いかけては「ば…ナナ」とか、「ば…ス」とか、「ば…ラ」と言うようになったそうですよ。だって、一度でも「ばか」と言ったら「ばかの国」へ連れて行かれてしまうのですから…。あなたも「ばか、ばか」と言うお友だちをみかけたら、この話をしてあげてくださいね。

●──「へんな名前！」と言うこどもへ

「ひびきの村」の保育園に通っている女の子がいろいろな人や物の名前を連呼し、そのあとに「へんな名前！」と言い続けていた時にお話ししました。本人には悪気はなく、おもしろがっているだけだということも、それが一時的なことだということも分かってはいましたが、言うままにしておくのも…と考えて…。

おおけむし

さっきから、わしの名を呼んでいるのは誰だな？　大声で「けーむし、けむし、へんな名前！」と呼び続けているのは誰だ？　お昼ごはんに菜の花の蜜《みつ》をたっぷり吸って、うとうとしておったのに…昼寝のじゃまするのは誰だな？　柔かいいたどり*の葉の上で、お日さまにお腹をぽかぽか温ためてもらいながら昼寝をすることが、どんなに気持ちのよいものか、おまえは知らないのだな。なんだって、そんなに大声でわしの名を呼ぶのじゃ？え、「ただ、ふざけて呼んでいただけ」だというのか？　それはよくない。それにおまえはわしの名を呼んだあと「へんな名前！」と言っておったな。

これからおまえに大事な話をするから、よーく聞くのじゃよ。わしの名は、いや、この世にあるすべての物の名は、神さまがおつけになったのじゃ。むかーし、むかし、神さまは三日三晩、深くお考えになってすべての物にそれにふさわしい名を、一つひとつていねいにおつけになった。わしの体をよーく見るがよい。体じゅうがふさふさしたこげ茶色の美しい毛でおおわれているじゃろう。この体をごらんになって、神さまは「毛…むし」という名をくださったのじゃ。ほら、そこにスイスイのびている「すぎな」をごらん。あれ

＊いたどりは、タデ科の多年草。いたる所に生え、根茎は長くはう。

の名も神さまが「体は小さいけれど、杉の木のようにまっすぐに伸びるように」と願ってつけてくださった名なのだよ。おまえの足もとに咲いている「雪笹」もそうだ。まるで笹の上にうっすらつもった雪のような美しい姿をごらんになった神さまが、その名をおつけになったのだ。

大きくなったら美しい花を咲かせ、美しい実がなる木のようにすくすく育って欲しいと願って、おまえのお父さんとお母さんがおまえの名を実花《ミカ》とつけたように、すべての名は神さまが願いを込めてつけたのだ。だからこれからはむやみに名を呼ぶのはやめなさい。ましてや「へんな名前!」などと言うではないぞ。わかったね。

●——ニンジンが嫌いなサラちゃんへ

孫の一人、サラは3人兄妹の2番目のこどもだということもあるのでしょう。今2歳8ヶ月なのですが、3ヶ月くらい前から、「いやだ」「だめ」「嫌い」とさかんに口にするようになり、そんな時は「拗《す》ねっ子ちゃん」と呼ばれます(もちろん、愛を込めて)。

そうでなくとも自己主張がとても強いこどもですから、おへそが曲がった時にはあまり正面から向きあわず、彼女の気持ちを他に向けることができるように気を配っています。サラが嫌っているニンジンの話をしました。

置いてきぼりになったニンジン

「あーん、あーん」ニンジンさんが泣いているよ。

「だいこんも、じゃがいもも、たまねぎもみーんな一緒にサラちゃんのお腹の中へ行ったのに、私だけおいてきぼりにされてしまった！　さびしいよ」って、泣いているよ。「私は一人ぼっち。これからどうしたらいいだろう」って泣いているよ。「私もみんなと一緒にサラちゃんのお腹の中へ行きたかった。あーん、あーん」ってニンジンさんはまだ泣いているよ。「私はこのままごみ箱に捨てられちゃうのかなあ？　それともお水と一緒に川へ流されちゃうのかなあ？　川のお水は冷たいだろうなあ！　川に流されたら、あっちこっちにぶつかって痛いだろうなあ！　お魚にかじられないかなあ？　あーん、あーん」って泣いているよ。

ねえ、サラちゃん、じゃがいもさんやたまねぎさんと一緒に、ニンジンさんもサラちゃんのお腹の中へ一緒に行かれるように、お口に入れてあげましょうよ！

あっ、ニンジンさんが泣きやんだ！　うれしそうに笑ってる！　「サラちゃん、ありがとう。サラちゃんが食べてくれたら、じゃがいもさんやたまねぎさんとまた一緒に遊べるわー!」ってそう言っているよ。

●――いやだ、いやだと言うこどもに

「いやだ、いやだ」と言っているこども自身も、愉快な気持ちでいるわけはありません。何か気に染《そ》まないことがあり、それをきっかけに「いやだ」の気分になってしまうのでしょう。本人もどうにかして気分を変えたいと思っていてもそれができなくて、ますます拗《す》ねてしまうのでしょうね。であれば、なんとか気持ちをほぐしてあげたいと、私は思うのですよ。

ハーイ・ノームとイヤーダ・ノーム

さとるくんとじゅんくんは、今日も公園で仲良く遊んでいます。砂場でトンネルを作ったり、大きな穴を掘って池を作ったり、滑り台で逆《さか》さ滑りをしたり、おにごっごをしたり……それはそれは楽しく遊んでいました。あんまり楽しかったので、「あーあ、そろそろおうちに帰るとするか」と言って、お日さまが大きなあくびをしたことにも気がつきませんでした。

その時です。じゅんくんのお母さんの声がしました。

「じゅんくーん、帰りましょう。もうすぐお父さんも帰ってくるわ」じゅんくんはお母さんが迎えに来てくれたことが嬉しくてたまりません。

「はーい」と大きな声でお返事し、「さとるくん、さよなら。またあした遊ぼうね！」と言いながら、お母さんと手をつないで帰って行きました。

木の陰でその様子を見ていたハーイ・ノームは、くるりとでんぐりがえしをし、手をたたいてよろこびました。「ヤッター。今夜はじゅんくんをぼくの家へつれて行って遊べるぞ！　嬉しいなあ」

そこへ、さとるくんのお母さんも迎えに来ました。そして「さとるくん、帰りましょう。お夕はんはあなたの大好きなカレーライスよ」と言いました。けれど、さとるくんは「いやだ、まだ帰りたくない！」。そういって、滑り台にかけあがってしまったのです。

それを見ていたイヤーダ・ノームは「えっへっへっへっへ。いいぞ、いいぞ、そのちょうし！　今夜はさとるくんをわしの家へ連れて行くとしよう」とニンマリしたのでした。

その晩、「おやすみなさい」をしたじゅんくんを、ハーイ・ノームが迎えにきました。そして「ハーイ・ノームの家」で、お月さまのブランコに乗ったり、お星さまとかくれんぼをしたり、雲に乗って遠くの星を訪ねて楽しく遊んだのでした。もちろん、つきみ草のシロップもお腹いっぱいごちそうになりましたよ。

ところで「おうちに帰るの、いやだ」と言ったさとるくんはどうしたか知っていますか？　あんまりお話ししたくないのですがね…さとるくんはその晩、「イヤーダ・ノームの家」へ連れて行かれてしまいました。仕方がないのです。「いやだ、いやだ」というこどもは「イヤーダ・ノームの家」へ連れて行かれることになっているのですから。「イヤーダ・ノームの家」はこの地面のずーっとずーっと底のそのまた底にあって、暗くて、いつでも雨が降っていて…そこに集められたこどもたちは「あれもいやだ」「これもいやだ」と言いながら喧嘩《けんか》し、悪口ばかり言いあってぷりぷり、いらいらしながら、すっぱーいミルクを飲んでいるそうですよ。

●——大声でどなりあうこどもへ

目に入る強い刺激、ボリュームをあげた音楽、テレビから流れてくる絶え間ない音の洪水…こんな環境の中で、私たちは静かに、そしておだやかに話すことがほとんどなくなってしまいました。そんな私たちと一緒に暮らしているこどもたちは落ち着きを失い、ちょっとのことで大声を出し、どなりあう光景がよく見られます。そんなことのないように、まず私たち自身が静かに、おだやかに話すことを心がけることが必要ですね。そして、こどもにはこんなお話をしてあげたらどうしょうか？

耳のこびとさんが逃げだした！

しょうくんとえりちゃんの大きな声が部屋中にひびきわたっています。しょうくんが遊んでいたおもちゃをえりちゃんが黙って使った、と言ってしょうくんが怒っているのです。

「返してよー！　それ、ぼくが遊んでいたんだよ！」

「私だって遊びたいんだもん。しょうくんはもうずーっと遊んでいたじゃない！」

「ぼくだって、まだ遊ぶんだよ！　ずっーと遊ぶんだから！　だからえりちゃんは違うおもちゃを使えばいいじゃないか！」

「私だってこれがいいんだもん！　ぜったいこれがいい！」

二人はそんなことを、ずーっと言い合っていました。

おや、しょうくんの耳の中から何か出てきましたよ。あっ、耳のこびとさんだ！　しょうくんの耳の中で暮らしているこびとさんが、頭をふりふり出てきましたよ。あら、あらこびとさんはしょうくんの肩の上に座りこんでしまいました。おや、えりちゃんの耳からもこびとさんが出てきましたよ。ふらふらとよろけて、えりちゃんの肩の上でころんでしまいました。

「ああ、うるさくてかなわん」としょうくんの耳のこびとさんが言うと、「ほんとうに…いつまで大声をはりあげているんでしょう」とえりちゃんの耳のこびとさんも言いました。

「しょうくんはいつでもそうだ。自分の気にいらないことがあると、すぐに大声をはりあげる」

「えりちゃんもそうなんですよ。欲しいものがあると、それを手に入れるまで大声を出して…そして、必ず手に入れるんです」

「わしはなんて運が悪いんじゃろう。わしの仲間には、いつも静かに話ができるこどもの耳の中で、おだやかに暮らしているものもいるというのに」

「私も運が悪かったんですね。私の妹はえりちゃんの友だちの耳の中で暮らしているのですが…それはそれはもの静かで、やさしいお嬢さんなんだそうです。神さまがどちらかを選びなさい、っておっしゃってくださった時、私はもう少し考えればよかったんです」

「もうこんなところにはおれんわい！　わしがここを出ていっても、きっと神さまは許してくださるじゃろう」

「私もそう思いますよ」

「今すぐ出ていって、もっと静かに話ができるこどもを探すことにしよう」

「私もすぐに荷物をまとめることにしますわ」

「たっしゃでな」

「あなたも…」

こうして、しょうくんとえりちゃんの耳の中で暮らしていたこびとさんは、二人とも出て行ってしまったのでした。ですから、かわいそうに…それからしょうくんとえりちゃんは楽しいお話や、美しい音や、すてきな歌を聞くことができなくなってしまったのだそうですよ。

なぜって、お耳のおそうじをしてくれていたこびとさんがいなくなってしまったのですから。二人があんまり大きな声を出すので、耳のこびとさんはいやになって、とうとう出て行ってしまったのですね。

お風呂が嫌いなこどもへ

入ってしまえば楽しいお風呂も、入るまでなんとなく面倒だったり、おもしろい遊びをやめるのがいやで、なかなか入れないことがあります。そんな時、大好きなお日さまもお風呂に入って、きれいになって、また明日の朝ぴっかぴかのお顔を出すんだ、

お風呂が大好きなお日さま

さきこちゃん、ちょっと来てごらん！　ほら、お山の向こうからお日さまが昇ってきたわ。きれいねえ。あんなにぴかぴ輝いているわ！　きっと、お日さまも夕べ、お風呂に入ったのね。だからあんなにきれいなのね。お日さまはお風呂に入るのが大好きなのね。きっと、毎晩、寝る前にお風呂に入るのね。だって、毎朝、お日さまはぴっかぴかに光っているもの。

あっ、でも、お日さまが雲に隠れて出てこない日もあるわね。そんな日は、お風呂に入らなかったから、お顔が汚れていて…だからお顔を出せないのかしら？

みんな、ぴっかぴっかのお日さまが大好きなんですもの！　汚れたお顔で出てくるのがはずかしいのね。

さきこちゃんは、いつもぴかぴか光ってきれいなお日さまが大好きでしょう？　きれいで温かいお日さまと一緒に遊ぶの、とっても楽しいものね。ああ、風に乗っていいにおいが流れてくる。お日さまのにおいだわ！

きっと、お日さまもいいにおいのせっけんでお顔を洗ったのね。さきこちゃんも、おばあちゃんからいただいた、いいにおいのするせっけんを持っているわね。お手でくちゅくちゅすると、泡がたーくさんできて…泡だらけの体をお母さんにくっつけると、「つるつるたまご」になって、つるつるーってすべるのね！

さあ、お風呂に入りましょう。お日さまに負けないくらい、ぴっかぴっかにしましょう。そしてあしたまた、お日さまと遊びましょう、ね！

3・人とともに生きるために大切なこと

4歳半から6歳半ころのこどものために

お母さんから離れて
くぐった幼稚園の門
初めて出会った先生と…友だちと…
がまんすること
ゆずること
約束を守ること
おぼえたね
大きくなったね
そして　これから
もっと　もっと大きくなるのね

この時期のこどもたちにとって大切なことは二つあると、私は考えています。一つは「人と共に生きること」を学び始めること。もう一つはこどもが持っている「想像する」力によって、「創造的な遊び」が始まるということです。

「自我」が芽ばえ、自分を主張するようになったこどもたちは、この頃、初めて家庭の外へ出て幼稚園に通うようになります。（もちろん、もっと早くから保育園、幼稚園に通い始めているこどももいますね）そして、友だちと出会い、友だちと遊ぶことが彼らにとってとても大切なことになってきます。

こどもたちは幼稚園で一緒に遊ぶだけでは足りず、家に帰ってからも遊ぶことを約束して、互いの家を行き来するようになります。また、公園で近所のお友だちと遊ぶことも楽しみの一つとなります。こうして、家族以外の人と関わることをとおして、「人と共に生きる」ために必要な約束ごとを学んでいきます。

「ありがとう」「ごめんなさい」と言うこと、そして「あいさつする」ことは、もっとも大切なこととして、これまでにもこどもたちはきっと家庭で学んできたことでしょう。そして、幼稚園に通うようになった今、おおぜいの友だちと共に過ごすこと、遊ぶことをとおして、「がまんすること」「ゆずること」「約束を守ること」を学ぶのですね。それこそが大人になった時、かれらが「愛と調和のうちに、人と共に生きる」ことができるようになるための力となるのです。

これまでは家庭で過ごすことが多く、また近頃は兄弟、姉妹の数が少ないために、こどもたちが「がまんすること」や「ゆずること」を求められる機会は多くありません。ですから今初めて家庭の外に出たこどもたちにとって、自分の欲求をおさえながら「がまんし」、友だちに「ゆずること」はとても難しいことでしょう。また「約束を守る」こともなかなかできません。こうしたこどもたちを理解し、こどもたちの心に沿いながら、焦《あせ》らず、慌《あわ》てず、大切なことを少しずつ伝えていきたいものですね。

こうして学びながら成長していくこどもたちを見て、私はいつでも私自身の在り方を省《かえり》みずにはいられません。私は「愛と調和のうちに、人と共に生きる」ことができているだろうか？　そのために「がまんし」「ゆずり」「約束を守っている」だろうか？　と…。

こどもたちは私たちの姿を見ながら学んでいます。そして彼らが学ぶ方法はただ一つ、「大人に倣《なら》う」ことなのです。ですから、もっとも大切なことは、私自身が「ありがとう」「ごめんなさい」と言えること。そして出会った人に心をこめて「あいさつする」こと。「愛と調和のうちに、人と共に生きる」ために必要な「がまん」をし、「ゆずり」「約束を守る」こと……。

私がそのような存在であれば、私と共に生きるこどもたちもそうできるでしょう。ここに収めたお話は、そのための力に少しでもなれるでしょうか？

三人兄弟姉妹の、真ん中のこどものために

三人兄弟姉妹の真ん中に生まれたこどもは、なかなか苦労しているようですね。自分より力も知恵も持っているお兄ちゃんやお姉ちゃんに押され、お母さんやお父さんは生まれたばかりの妹や弟に気をとられ…いつも一人ぼっち、と感じているようです。けれど、いいえ、だからこそ、しっかり自立しようとしている様子が見えて、「健気《けなげ》だなあ」と、私は心からエールを送りたくなるのですよ。

泣きむしサックル

サックルが泣いています。森の入り口にしゃがみこんで、もう１時間も泣きじゃくっているでしょうか。「兄さんはいいよ、クスンクスン。父さんが森に出かける時は、いつでも連れて行ってもらえるんだもの！　エーン、エーン」「おまえは小さいから留守番していなさいって言われて、いつも置いてきぼりだ！　ウエー、ウエー」

森に続く小道の向こうに、冬ののんびりしたお日さまがようやく顔を出しました。そして、枝の上で眠っていた露《つゆ》たちがいっせいに目を覚まし、きらきらと輝き始めました。サックルはまぶしくて思わず目をつぶりました。すると瞳の中で大きくふくらんだ涙がぽつんとサックルの膝《ひざ》の上に落ちました。「サックル、サックル」と呼ぶ声が聞こえたような気がしました。あたりには誰もいません。また「サックル、サックル」と呼ぶ声がします。

「ここだよ、ここだよ。サックル!」

見ると、膝の上でムズムズと動くものがあります。

「ああ、やっと気がついてくれたね。よかった!」

「君は誰?」

涙目で、あたりはみんなボンヤリにじんで見えます。膝の上で話しかけているのが誰なのか、サックルには分かりませんでした。大急ぎで袖《そで》で目をこすりました。すると、涙がにじんだズボンの上に、小さな男の子が立っているではありませんか。

「君は誰なの?」

「僕は『涙の精』さ、名前はポロリ」

「……」

「君さあ、さっきからずっと泣いているけど、もういいかげんにやめたらどうだい?」

見も知らない妖精からそんなことを言われて、今の今まで悲しくて泣いていたことも忘れ、サックルはむっとして言い返しました。

「君にそんなこと言われなくたっていいよ…もう泣いてなんかいないんだから」

「そんならいいけど…君は毎朝、ここで泣いているじゃあないか」

どうして知っているんだろう？　サックルはどきっとしました。

「あのね、ぼくは『涙の精』なんだよ。だから君がいつ泣いていたかなんてことは、君が赤ん坊の時からずーっと、ずーっと知っているんだ」…そんなことってあるでしょうか？

サックルはびっくりしてしまいました。

「人間は悲しかったら泣いたらいいんだ。くやしかったら泣いてもいいんだ。神さまがそんなふうにお創りになったのだからね。でもね、必要のない涙を流されると困るんだよ」

「……」

「なぜって、天国には『涙の泉』があって、その泉の水の量は決まっているからね」

「……」

「あんまり君が無駄な涙を流すとね、本当に困って泣きたい人や、本当に悲しくて泣かなきゃいられない人が流す涙がなくなっちゃうんだ。そうすると、そんな人たちが泣けなくなってしまうだろう」

「僕が泣いているのは無駄だって言うのかい？」

「そうだよ、君はまったく無駄な涙を流しているんだぜ」

「無駄なんかじゃない！　ぼくは本当に悲しくて泣いているんだもの」

「何が悲しいのかい？」

そう聞かれて、サックルはまた急に、父さんと兄さんに置いてきぼりにされた悲しさとくやしさが思い出されてきました。そして思わずまた涙ぐんでしまったのでした。

「おいおい、泣いちゃあ困るんだってば！」

「だって、僕は毎朝、父さんと兄さんに置いてきぼりにされるんだ！　父さんは兄さんだけを連れて森へ出かけるんだ！　悲しくてあたりまえじゃないか！　くやしくてあたりまえじゃないか！　父さんは兄さんだけがかわいいんだ！　僕のことなんか嫌いなんだ！」

「だから、無駄な涙だと言ってるんだよ。君はなーんにも分かっちゃいないね。君は父さんと兄さんが森で毎日どんな仕事をしているか知っているのかい？」

「知ってるよ。木を切り倒しているんだよ」

「それがどんなに大変な仕事なのか、君は分かっていないらしいね」

「分かってるよ。大変な仕事だよ。僕は小さいから今は手伝えないけど、父さんのそばで見ていて、どういうふうに木を切り倒すのか、覚えたいんだよ」

「だめだね。危なすぎる。小さな君がそばにいたら、君のことが心配で君の父さんは仕事ができないよ。そしてしまいには君に気を取られて大けがをしてしまうよ」

「……」

「ねえ、君。これは本当のことなんだよ。これから起きることを人間には話しちゃいけないことになっているんだけど、あんまり君が分からないから言ってしまうんだけどね。君がダダをこねて無理やり森へ行ったら、必ず君の父さんは大怪我をするんだ。だから、もう泣いて父さんを追うのは止めたほうがいい。それに『涙の泉』が枯れてしまっても困るからね」

本当だろうか？　サックルは考えました。

「あと5年待ったらいいよ。そしたら君は立派に父さんの手伝いができる。君の父さんはその日が来るのを楽しみにしているぜ。父さんが母さんにそう話しているのを、僕は聞いたことがあるんだ。『サックルが大きくなって、ミックルと三人で仕事ができるようになったら、私も大分楽させてもらえるだろう。サックルは勇気があって、危険な仕事にも立ち向ってゆける子だ。それに力もあるし、判断力もある。三人で働ける日が楽しみだね』ってにこにこして言っていたよ。だからいいね、家に帰って母さんのそばにいたらいい！」

気が付くと、妖精の姿も、サックルのズボンにできていた涙のしみも消えていたのでした。

父さんは、僕には勇気と力と判断力があると言った。父さんは楽しみにしている！　僕が大きくなって父さんの手伝いができるようになるのを、待ってくれているんだ！　僕が今、無理に父さんの後を追って森へ入って行ったら、父さんは大怪我をするって妖精が言っていた。僕は待とう！　そして無駄な涙を流して『涙の泉』の水を使うのはよそう！　本当に悲しい人のために僕は泣くのをやめるんだ！　母さんと家にいよう、そして洗濯したり、掃除したり、料理を作って母さんの手伝いをしよう！

サックルは家に帰りました。家では母さんが赤ん坊のハックルにおっぱいを飲ませていました。「母さん、今日は洗濯しないの？　僕、手伝うよ」母さんは振り向くと、人差し指を唇《くちびる》に当てて「シーッ、ハックルが熱を出してね、具合が悪くてずっとぐずっていたんだよ。ようやく眠りかけたところだから静かにしておくれ」とささやくように言いました。そして、赤ん坊の方を向いてしまったのでした。サックルはベッドに近づいていって小声で母さんに話しかけました。「母さん、じゃあ掃除はまだなんでしょう？　ぼく、しようか？」母さんは振り向くと「し…ず…か…に」と言ったきり、またむこうを向いてしまいました。サックルはこんどはもっと小さな声で尋ねました。「母さん、僕、井戸から水を汲《く》んで来ようか？」母さんはむこうを向いたままでした。

サックルは外に出ました。お日さまはもう、庭のもみの木の先にかかっています。

「母さんは病気のハックルのことばかり心配して、僕のことなんかぜんぜんかまってくれない。僕はただ母さんの手伝いをしたかっただけなのに」

涙があふれてきそうでした。けれどその時、サックルは『涙の精』のことばを思い出しました。そして考えました。

「僕の涙は無駄だろうか。そして、本当に悲しんでいる人の涙を奪《うば》ってしまっているだろうか？」

一生懸命こらえていましたが、とうとう涙がひとつぶ、ポロリと膝の上に落ちました。

「やれやれ、また君か」

「僕、君のことばを思い出して一生懸命我慢したんだけど…」

「まあ、いいか。ひとつぶだけだし、それに、本当に悲しかったのだろうから…」

「うん」

「でも、もう悲しむのは止めたほうがいいよ。君の母さんは、君を自慢の子だって言ってるんだから、悲しむことなんてないんだ」

「でも、母さんは僕のことをちっともかまってくれないんだよ。ぼく、母さんの手伝いをしたいと思ったのに、母さんは病気のハックルにばかり気を取られていて、僕のことなんかどうでもいいんだ」

「君の母さんが昨日お隣りさんに話していたことばを、聞かせてあげたかったな」

「……」

「君の母さんはこんなふうに言っていたよ。『うちのサックルは三人の息子のうちでも、一番気立ての優しい子なんですよ。神さまは三人兄弟のまん中のこどもを特別可愛がってくださるのでしょうか。なぜって、お兄ちゃんのミックルも、弟のハックルも持っていない、我慢強さという力をサックルは持っているんです。これは神さまが三人兄弟の真ん中のサックルにだけ、特別にくださったプレゼントなのだと思います。父さんがお兄ちゃんと森へ出かけた後も、私が赤ん坊の世話で忙しい時も、サックルは文句も言わず、わがままも言わずにじっと一人で辛抱してくれます。私はサックルが大好きです。そしてとても自慢なのです』」

それを聞いてサックルは思いました。母さんは赤ん坊のハックルの世話ばかりやいていて、ちっとも僕と遊んでくれないって文句を言うのはやめよう！　僕が母さんのそばへ行くと、ハックルが怒って僕を押しのけても我慢しよう！　ちっとも母さんの膝《ひざ》に乗れないけどいいや！　だって、母さんは僕を自慢の子だと言ってくれてるんだもん。ただ、ハックルの世話で忙しくて、僕をかまっているひまがないだけなんだ。それに僕は神さまから我慢する力をもらったんだもの！

「やっと分かったようだね、サックル。これからはめったなことでは泣かないね」

「うん、約束するよ。そして天国の、『涙の泉』の水がかわいてしまわないようにするよ」

「そうしてくれると助かるよ。君が泣かなくなると、僕たち、もう会うこともないだろうが、元気でいてくれたまえ。ただし、本当に悲しい時は泣いていいんだぜ」

「分かった。じゃあ、その時までお別れだね。さよなら」

それから、サックルと「涙の精」がいつ会ったか…私にも分かりません。それ以来、サックルはますます強く、優しい男の子に成長していったと風のたよりに聞きました。ですから、いつ本当に悲しいことがあって、サックルが涙をこぼし、「涙の精」に出会うことがあったのか、私は知らないのです。

あいさつが苦手なこどものために

もちろん、本人は失礼をしようなんて、これっぽちも思っていません。けれどできないんです。だって恥ずかしいし、照れくさいし…知ってる人にはもちろん、知らない人にあいさつするなんてとんでもない！　でも、幼稚園に通うようになったことですし、少しずつ、あいさつができるようになったら良いですね。

神さまのいたずら

むかし、むかし、海の向こうのそのまたずーっと向こうに、小さな島がありました。小さな島ではありましたが、いつでもお日さまの光がそそがれ、涼しい海風が吹き、時おり澄《す》んだ美しい雨が降りましたので、島の人たちはしあわせに仲良く暮らしておりました。

ところがある時、熱い風と大雨とが一緒にやってきて、島をすっぽりおおってしまいました。そして、来る日も来る日も熱い風が吹き荒れ、大雨が降り続いたのでした。一週間たっても、二週間たっても、その熱い風と大雨は島から去ろうとはせず、島の人たちはすっかり困ってしまいました。島には焼け付くような熱い風が吹き続いたので、気持ちのよい涼しい風は怖れをなして、椰子《やし》の木のてっぺんから下りてこようとしません。そしてお日さまもまた、降りつづける大雨に遠慮して、ちっとも顔を出すことがありませんでした。

島の人たちは、みんな元気をなくしてしまいました。どうしてよいか分からず、首を振り、腕をくんでは「あーあ」とため息をついたり、「うーん」とうなって空を見上げるばかりです。

その島の西側に、小さな祠《ほこら》がありました。そこには知恵のある神さまが住んでおられました。困ったことがあると、いつでも島の人たちはその祠にお酒を持って行き、神さまに助けてくださるようお願いするのでした。

「こんなに熱い風と大雨が続いたら、そのうちきっと病人が出るだろう」

心配した村長《むらおさ》はお酒を持って祠に行きました。そして、神さまに一部始終を話し、「どうぞ、お助けください」とお願いしたのでした。

神さまは、村長が持ってきたお酒をおいしそうに飲みながら、話を聞いておられました。そしておっしゃるには、「おまえたちは、その熱い風の神さまと大雨の神さまに、あいさつしたのかな？」

そう聞かれて、村長はすっかりあわててしまいました。そんなことは考えてもいませんでした。

「いやな熱い風を吹かせる神さまと、困った大雨を降らせる神さまにあいさつをしたか、だと？　さてはて？」

…そんな村長の気持ちを見抜いた神さまはまたこう言われたのでした。

「誰とでも、出会った時にはあいさつをするものじゃ。そんなことは、こどもでも知っておる。あいさつをすることは、相手を大切にすることだからのう。たとえ、相手がいやな風を吹かそうと、困った大雨を降らそうと、あいさつはあいさつじゃ。なにごともあいさつをすることから始まる。年とった村長のおまえが、そんな大事なことを忘れていたのでは困るのう。今からでも遅くはない。早く戻って、熱い風の神さまと大雨の神さまにあいさつをするがよい。そうしたらきっと、ご機嫌を直して海の向こうに去ってくださるじゃろうて」

それを聞いた村長は、神さまにお礼を申しあげ、おおあわてで村に戻りました。そして村の人たちを集めてこう言ったのです。

「私たちは大切なことを忘れておった。熱い風の神さまと大雨の神さまにあいさつすることを忘れておった。さあ、今から、ていねいに心を込めてあいさつするのじゃ」

それを聞いた島の人たちは「もっともなことだ」と思いました。そこでさっそく浜に並んで坐り、心をこめてあいさつをしたのでした。「熱い風の神さま、大雨の神さま、ようこそわしらの島へお出ましくださいました」と…。

さてはて不思議なことに、翌朝島の人たちが目を覚ますと、島にはすがすがしいお日さまの光がそそがれ、気持ちのよい涼しい海風が吹いていたのでした。

その頃、熱い風の神さまと大雨の神さまは、ずーっと向こうの南の空でこんなことを話しておられたということです。

「わっはっはっはっは！　島の人々の困りようは見ていて愉快であったなあ」

「わしらはあの島の上を、ほんの一時《いっとき》で通り過ぎるつもりだったんだが…。しかし、通りかかった時、島の人々は誰一人としてあいさつをしなかったからのう」

「そうそう、失礼な村人を、ちょっと困らせてやろうと相談したのだったなあ」

「あれだけ困らせたら、これからはあいさつをしないことはないだろうて」

誰だってあいさつをせず、知らんぷりされたらいやですものね。神さまもおいやだったんですね。

●——ニンジンが嫌いな子へ

こどものころは私もニンジンが嫌いでした。二人の息子も嫌いでした。ある日、本屋さんで「ニンジン」という小さな絵本を見つけました。「ニンジン好きな子、だあれ？」うさぎさん、いぬさん、かえるさんが「はい」「はい」「はい」と手をあげます。つられておもわず「はい」と手をあげてしまった息子は、それから少しずつニンジンを食べるようになりました。きらわれたニンジンが冷蔵庫で泣いていることを、あなたのお子さんにもぜひ話してあげてください。

泣きじゃくるニンジン

さっちゃんはニンジンが大嫌い！　お母さんがどんなにおいしくニンジンをお料理しても、けっして食べようとしません。甘く煮てもだめ。カレーに入れてもだめ。天ぷらにしてもだめ。ですから、さっちゃんの家のニンジンは、いつでも冷蔵庫のすみでしなびているのです。そしてそんなしなびたニンジンを、他の野菜はばかにしてからかい、笑うのでした。

きゅうりがニンジンに向かって、おおいばりでこんなことを言っていますよ。

「おい君、君はいかにもニンジンのような形をしているけど、まさかニンジンではあるまいね。こんなしなびて黒いニンジンなんて今まで見たこともないからなあ」

ジャガイモが言いました。

「いやいや、そこにしなびてうなだれているのは確かにニンジンなんだよ。驚いたろう？」

たまねぎも言いました。

「私もびっくりしているんですよ。実は私は二時間ほど前、さっちゃんのお母さんにスーパーで買っていただいて、この家に来たばかりなんですが…聞いてみたら、このニンジンは三週間も前に買われて来たっていうじゃありませんか！　かわいそうに、そんなに長い間ほうっておかれていたんですねえ」

「いやいや、恐れ入りました。私がまだ畑にいた時、隣の畝《うね》にニンジンが植えられていましたが、いやあ、そのニンジンの顔といったら、まるで太陽が沈む時のような真っ赤な色でしたよ」

いかにも気の毒そうな顔をして、そう言ったのはピーマンでした。

「いえね、スーパーでちらっと見かけたニンジンだって、こうはしなびていませんでしたよ。彼らは１時間ごとに水をかけてもらってピンとしていましたからねえ」

「そうですよ。どこの世界にこんなしなびて顔色の悪いニンジンがあるもんですか！　それに、無口でさっきからウンともスンとも言わないじゃありませんか！　私の知っているニンジンは、いつも元気でぱりぱりぱりぱりしゃべっていましたっけ！」

「いったいどうしたらこんな情けない姿になれるんでしょうかねえ」

きゅうりとジャガイモとたまねぎとピーマンは、ニンジンが黙っているのをいいことに、こんなふうに悪口を言い合っていたのです。ますます身を縮《ちぢ》めて、べそをかいているニンジンを見て、セロリはたまらなくなりました。

「みなさん、もういいかげんにしませんか！　ニンジンがこんな姿になったのは、ニンジンのせいではないんですから！」

「おや、セロリさん。なんですか、あなたはこんなニンジンの肩を持つのですか？」

「そういう訳ではありませんがね、気の弱いニンジンが、ひどいことを言われても黙っているので気の毒になったんですよ」

「へえー、それはまた…」

「ぼくは昨日この家に来たんですが、ナス君が話してくれましたよ。いえね、ナス君は昨夜漬け物になって、もうここにはいませんが…。ナス君が言うには、なんでもこの家のお嬢さんがニンジンを大層《たいそう》嫌いだとか。それでもお母さんはお嬢さんに、なんとかニンジンを食べさせようとしていろいろ工夫するんだそうですが、お嬢さんはニンジンを見るととたんに口を閉じてしまって、一口も食べないんだそうですよ」

「おやおや、そんなに嫌われているとは気の毒に…」

涙ぐんでいるニンジンを、横目でそっと見ながらきゅうりが言いました。

「気の毒だが私には分からんねえ。私を嫌いだなんて言う人に出会ったことがないからなあ…」と、ジャガイモが言いました。

「お嬢さんに嫌われているんじゃ、仕方がないわね。私たちにはどうすることもできないわ…」と、たまねぎもため息をつきながら言うのでした。「そうなんです。ですからもう、ニンジンをからかうのはやめてください」というセロリのことばを聞いて、野菜たちはだまってしまいました。真っ暗な冷蔵庫はしーんとしています。

しばらくすると、台所に誰か入ってきた気配がありました。…さっちゃんのお母さんが夕飯の支度を始めるんだ！　今夜こそ、私を使ってもらえますように…ニンジンは一所懸命に祈りました。その時、冷蔵庫の扉が開けられ、急にあたりが明るくなると、お母さんの手が伸びて、きゅうりとたまねぎとジャガイモを摑《つか》みました。それからその手はニンジンの上で少しの間とまっていました。そしてつぶやいたのです。「ポテトサラダにニンジンを入れたらどんなに彩《いろど》りがきれいでしょう！　それに栄養も満点だし…」それを聞いてニンジンの心は踊るのでした。だって、ニンジンの入っていないポテトサラダなんて聞いたことがありませんもの！　ニンジンはどんなに祈ったことでしょう！

「どうぞ、今夜こそ使ってもらえますように！」と…。そして、ニンジンは身を固くしてその瞬間を待っていたのでした。

「でも、せっかく作ってもさっちゃんが食べなかったら、なんにもならないわ」とお母さんはまたつぶやき、その手をニンジンの上から引っ込めてしまったのでした。

冷蔵庫はまた真っ暗になり、しーんと静まり返っています。そして、静かに泣きじゃくるニンジンの声だけが聞こえてくるのでした。

●人を叩いたり蹴《け》ったりするこどものために

いろいろな気質のこどもがいます。のんびりしているこども。しゃかしゃかとよく動くこども。隅のほうでじーっとしているこども。情熱的でつい、手や足が出てしまうこども。気質からくるものであっても、人を傷つけることは決してしてはいけないことです。本人も葛藤《かっとう》していることでしょう。そんなこどもたちを理解し、私たちが支えてあげられると良いですね。

こぶだらけの天使

ある所に、とても気持ちのやさしい男の子がおりました。いつでも困っている友だちを助け、病気の小鳥を看病し、お腹の空いているリスにえさをあげる親切な子どもでありました。

ところが、この男の子にはたった一つ困ったくせがありました。腹が立ったり、気に入らないことがあったり、自分の思い通りにならないことがあると、そばにいる人を叩《たた》いたり、なぐったり、蹴《け》ったり…あげくの果てにはまわりの物をぜーんぶほうり投げるのです。その度に、叩かれた人は痛くて泣きますし、蹴られた人は怒ります。投げられた物はこわれ、お父さんもお母さんもほとほと困っておりました。

神さまは、その様子を天からじっとご覧になっていらっしゃいました。そして生まれた時から男の子をずっと守っていた天使をお呼びになりました（どんな人にも生まれた時からいつでも天使がそばにいて守ってくれているのですよ。もちろん、あなたも）。そしてこうおっしゃったのです。

「こどもが乱暴なことをするたびに、おまえが心を痛めていたことを私は知っている。そして乱暴なことをしないようにと、おまえがこどもにずーっと教えてきたこともな。だが見てのとおり、乱暴な行いは直りそうもない。このこどもが二度と乱暴なことができないように、こどもの手も足も動かないようにしようと思う」

さあ、それを聞いて天使は驚きました。

「神さま、お願いです。どうぞ、こどもの手足を動かないようにすることはおやめください。手足が動かなくなったら、この子はもう誰にも親切にすることができません。神さまもご存知のとおり、この子は普段はとてもやさしいこどもなのです。けれど気に入らないことがあったり、腹が立つとかっとなって、つい手と足が出てしまうのです」

天使があまり頼むので、神さまは天使の願いを聞き入れることにしました。そして、こうおっしゃいました。

「それではこうしよう。これからこどもが誰かを叩いたり、蹴《け》ったり、物を投げつけるたびに、おまえの身体にこぶができる。けれど、この子が誰かに親切にしたり、やさしくしたら、おまえの身体にできたこぶが消える。しかし、こどもが乱暴なことをやめず、親切にする以上に乱暴なことをしつづけたら、おまえの身体はこぶだらけになり、やがておまえは動けなくなるのだ。そうなったら、おまえはもうこどもを守ってあげることもできなくなり、天国にも戻れず、地上で死ぬことになるのだぞ。そうなる前に、おまえはこどもが乱暴なことをやめるように教えなければいけない」

神さまがお決めになったことです。天使は従わないわけにはいきませんでした。

それからすぐに、神さまのおっしゃったとおりのことが起きました。こどもが乱暴をするたびに、天使の身体に一つこぶができ、そして、こどもが誰かに親切にすると、こぶが一つ消えました。

けれど、こどもは大きくなるにつれて力が強くなり、ますます乱暴になって、親切な心は次第に薄れてゆきました。そして天使の身体のこぶは増えてゆくばかりでした。ある日、とうとう天使の身体は頭のてっぺんから足の先までこぶだらけになってしまい、倒れて動けなくなってしまったのです。

　そんな姿をごらんになった神さまは天使を大層《たいそう》哀れに思われ、ある晩、男の子の夢に現れて言われました。

「ごらん。おまえを守ってくれていた天使の身体が、おまえの乱暴な行いでこぶだらけになってしまった。天使はもうこれからおまえを助けることはできないだろう。おまえはこれから天使に守られることなく、一人で生きてゆかなければならないのだ」

　見ると、かたわらにこぶだらけの天使が横たわっていました。こどもは驚き、そして神さまに尋《たず》ねました。

「どうしたら、天使を助けることができますか。そしてこれからもぼくを守ってくれるようにできますか」

　神さまは答えました。

「おまえが今すぐ乱暴な行いをやめ、人に親切にふるまえば、そのたびに天使のこぶは一つずつ消えるであろう。天使を助けることができるのは、おまえの親切な行いだけである」

　翌朝目を覚ました子どもは、それからどんなことがあっても人を叩いたり、蹴ったり、物を投げることはありませんでした。そうしたくなった時には、夢の中で見た、全身こぶだらけで苦しんでいた天使の姿を思い出して耐えたのです。そうして、1ヶ月たち、2ヶ月たち……1年が過ぎました。

ある日、子どもは耳もとで天使がささやく声を聞きました。

「ありがとう。あなたが乱暴をせず、毎日親切な行いをしてくれたおかげで、私の全身をおおっていたこぶが、今日、ぜんぶ消えました。私はすっかり元気を取り戻し、以前のように自由に飛ぶことができるようになりました。これからもあなたの傍《そば》にいて、ずっと守っていきましょう」

それから、男の子は二度と乱暴をすることはなく、親切な行いを続け、天使に守られて暮らしたということです。

●──いやだ、嫌いだ、だめ、と言うこどものために

こどもたちは、私たちを困らせようと思って言っているのではないのです。こどもがそう言うにはそれぞれに深いわけがあるのです。私たちがそれを理解することができたら、そして「いやだ」「だめだ」と言わずにいられないこどもの心に寄り添うことができたら、こどもたちはそんなことばを口にする必要はなくなるのです。ただ、おもしろがって言っている時もあります。そんな時は過剰に反応しないことですね。

一月遅れの春

私がこの村にお嫁にくる前、この山の向こうの、そのまた向こうの、またまた向こうの里で暮らしていた時のことだった。私のおばあちゃんが話してくれたことだから、それは１００年も前のことだったかもしれないねえ。

その山奥の里に、体の弱い母親と幼い女の子が暮らしていたそうな。ところがある冬の吹雪の晩、きびしい寒さに耐えられなかったのだろう、とうとう母親は死んでしまったとな。

一人として身よりのなかったその女の子は、翌日から私の家で暮らすことになり、姉妹がいなかった私は大喜びしたなあ。けれど、日がたつにつれて、私はその子と一緒に暮らすことがつらくなってきた。なぜって、その子は「山へわらびをとりに行こう！」とさそうと「いや」と言い、「ばあちゃんにもらったおせんべい、食べよう」と言っても「せんべい嫌い」と言う。「おにごっごしない？」と聞いても「したくない」、「ごはんだよう」と言っても「食べたくない」、おまけに母さんが作ってくれたお弁当を「まずい」と言って食べなかった。人形ごっこを始めても「つまらない」と言ってすぐにやめてしまうありさまじゃった。こうして、口をひらけば「いや」「嫌い」「したくない」「食べたくない」「まずい」「つまらない」と言い続けておったなあ。

母親を亡くして悲しいのだろう、つらいのだろう、月日が経てば悲しみも和《やわ》らぎ、つらさも和らぐだろうから、そんなことばも口にしなくなるに違いないと私たちは思っていた。

それから一月《ひと》たち、二月《ふた》たち、三月《み》たってようやく春になった。空にはノホホン雲が浮かび、ふんわか風も吹いて、みんなウキウキしておった。

「ああ、春が来た！　もうすぐ原っぱにはツクシンボウが頭を出すだろう。桃の花も咲くだろう。そしたら村中が桃の花の香りにつつまれるだろう！」と、私たちの心は弾《はず》むのだった。けれど、その年に限っていつまで待ってもツクシンボウの頭は見えず、桃の木の枝にはつぼみさえ顔を出さなかったのじゃ。おまけにチョウチョウも姿を現わさず、すみれも、水仙も、れんぎょうも咲く様子がなかった。それどころか、草の芽一本出てこなかったのじゃ。

里に暮らす人たちは「いったいどうしたことだろう？」「こんなことはこれまでに、見たことも聞いたこともない」と訝《いぶか》った。けれど、なぜ、里に春がめぐってこないのか、私のばあちゃんだけが知っておったのじゃ。ばあちゃんは、はたけで畝《うね》を起こしていた時に、冬の眠りからさめたカエルたちが話していることばを耳にしたと。

カエルたちはこんなふうに話していたそうじゃ。

「ああ、困ったなあ。このままじゃあ、いつまで待ってもこの里には春が来ないだろうよ」

「春が来ないって？」

「そうなんだ。この冬の大吹雪の夜に母親を亡くした女の子のせいだ。女の子が『いやだ』『嫌いだ』『つまんない』『食べたくない』と言い続けていることは知っているだろう？　あの子がそんなことを言うたびに、大地の精たちはイヤーな気持ちになってしまい、草や花が芽を出すために働く気持ちをなくしてしまうのさ」

「誰だってそんなことばを聞いたら、良い気持ち、楽しい気持ちにはならないもんなあ」

「そうだよ。なんとかならないものかねえ」

「その女の子の心から、悲しみやつらさが消えてなくなればいいんだが…」

「そうだね、そうしたらきっと、イヤなことばを言わなくなるね」

ばあちゃんはカエルたちの話を聞いてからというもの、来る日も来る日も、その女の子を膝《ひざ》の上に乗せてやさしく抱き、手を握り、背をなで、肩をさすっては歌を歌っていたなあ。

きょうこちゃんは　いとしい子　神さまの子
みんなに愛され　かわいがられ　いつくしまれている子
だから　きょうこちゃんは　さびしくなんかありません
かなしくなんかありません　いつでも　うれしくて　楽しくて
心配することは　なにもないのです
神さまと　一緒！
みんなと　一緒！
ありがとう　神さま　ありがとう　みんな

それで、その後どうなったか？　ですって！　ばあちゃんに抱かれた女の子の体はだんだんやわらかく、温かくなり、一《ひと》月も経ったころには、「いやだ」「嫌いだ」「行かない」「食べない」…ということばはまったく聞かれなくなってなあ。ええ、ええ、だから、もちろん大地の精たちも元気を取り戻して働き出したから、里にはめでたく春がめぐってきた。もっとも、一月遅れの春じゃったがな…。

●約束を守ることが難しい時に

幼いころには「約束」の意味も分からなかったこどもも、4歳を過ぎたころにはようやく分かってきます。けれど、約束を守ることはやさしいことではありません。無理に分からせようとせず、無理に守らせようとせず、約束を守ることが大切だ、ということをゆっくりゆっくり伝えられると良いですね。

ゆびきりげんまん

ある森の奥の、またその奥に、小鬼が暮らしていました。その小鬼を仲間の鬼たちは「げんまん小鬼」と呼んでいました。どうして？　って…小鬼は「ゆびきりげんまん」が大好きだったからです。「ゆびきりげんまん、うそついたら針千本飲ーます」というあの「ゆびきり」ですよ。あなたもしたことがあるでしょう？　元気でいるところを見ると、あなたは約束を破って針を千本飲まされたことがないんですね。よかった！　よかった！　だっても針を千本飲もうものなら、たちまちお腹が痛くなるに決まっています！

あなたは知らないのですか？　これまでに、どれくらいの人がげんまん小鬼と「ゆびきりげんまん」をしながら約束をやぶり、針を千本飲まされたことか！　昨日もこんなことがあったんですよ。

昼ごろでしたでしょうか。昨日、里に暮らす猟師《りょうし》が山にやってきました。その姿を見たげんまん小鬼は「やあ、猟師さん。ゆびきりをしませんか？」と、さっそくさそったのです。

「なにを約束するのかね？」

「うーん、あなたはこれから狩りをしに山に入るのでしょう？　じゃあ、あなたの獲物を半分、ぼくに分けてくれませんか？」

「ああ、良いだろう。ところで、おまえは私と何を約束するのかね？」

「ぼくは山から獲物を追い出して、狩りのお手伝いをいたしましょう」

「よし、約束だ！」

「ゆびきりげんまん、うそついたら針千本飲ーます。ゆびきった！」……二人は小指をしっかりからめて、げんまんをしました。

さて、小鬼は約束どおり、裏山へひとっ飛び！　木の枝の上をあちらへこちらへと飛びうつりながら、獲物を探しました。「おっ、いた、いた！」りっぱな角《つの》をつけ、ゆうゆうと草を食べている若い鹿を見つけました。小鬼は「ほーっ、ほーっ」と声を出しながら、鹿を猟師のいる山のきわに追っていきました。待っていた猟師は、大きな網をさーっと鹿に向ってひろげます。おみごと！　おみごと！　網は鹿の体にからまり、鹿は身動きできなくなりました。

猟師は鹿の両足、両手を縄《なわ》でしばると、太い棒にぶらさげました。そしてエイヤッとかけ声をかけて肩にしょい、後も見ずにひょいひょいと山を降りてゆくのでした。

「おーい、猟師さん、約束だよ。ゆびきりげんまんしたよ。獲物は半分にして分けると言ったじゃないか！

小鬼がどんなにわめこうとさわごうと、「こんなにすばらしい鹿はめったにいるもんじゃない。なあに、小鬼と約束したことなど、やぶってもなんともありゃしない」そう言いながら、猟師はとっとと山を降りてゆきます。

その時どこからか、「ゆびきりげんまん、うそついたら針千本飲ーます」という声が聞こえてきました。そしてそのとたん、猟師は「うーっ」と目を剥《む》いてたおれてしまったのです。倒れた猟師の口の中にはなんとなんと、針が千本入っていました。約束を破った猟師は、小鬼に針を千本飲まされたのでした。

「ゆびきりげんまんして、あんなに約束したのに…」、小鬼は悲しそうにそうつぶやくと「また、誰かさがそうーっと！　そして、ゆびきりげんまんしよーっと」と言いながら、山へ帰っていきましたとさ。

がまんすることが苦手なこどものために

私はこどものころ、がまんすることが大の苦手でした。いえ、今でも苦手です。私の次男はとてもしんぼう強いこどもで、水疱瘡《みずぼうそう》にかかった時も、掻《か》かずにじっと我慢していましたっけ。今でも蚊にさされた腕を私がポリポリかいていると「お母さん、がまんしなよ。血が出るよ」とよく注意してくれます。

ツタの葉

ある村に古い古い土蔵がありました。その土蔵の壁《かべ》一面にツタがからまっていました。お日さまの光があたるところに生えているツタは元気でつやが良く、深い緑色をして、たいへんきれいでした。けれど、お日さまの光が届かないところに生えたツタの葉は、色が薄く、つやもなく、元気がありませんでした。お日さまの光が届かないところに生えたツタは、元気のよい、濃い緑いろのツタをどんなに羨《うらや》ましく思ったことでしょう！　そしてどんなに憧《あこが》れたことでしょう！

「ああ、いいなあ。お日さまにあたるとあんなに濃い緑色でつやもよく、元気になれるんだ。ぼくもお日さまにあたりたいなあ。お日さまにあたったら、ぼくもあんなにつやつや光る葉っぱになりたいなあ」

お日さまのあたらない冷たい土蔵の壁《かべ》の上で葉をよじらせながら、ツタの葉は毎日そう思いながら暮らしていました。

その土蔵に毎日のように遊びに来るこまどりがいました。ツタの一人言を聞いて気の毒に思いながらこまどりは言いました。「ツタさん、待っていたらいいですよ。待っていたら良いことがありますよ。がまんして待っているものを神さまがほうっておくはずがありません。いつかあなたにもきっとお日さまの光があたる時が来ますよ」

「そうかなあ、我慢して待っていたら、本当にぼくにもお日さまの光があたるのかなあ?」ツタの葉は、こまどりのことばを信じて待つことにしました。

やがて秋がめぐってきました。その日は朝からむうっと温い風が強く吹いていました。「しっかり壁につかまりなさい。でないと吹きとばされるぞ!」と言うお父さんの声に励《はげ》まされながら、ツタの葉は壁にしがみついていました。ますます強くなる風に吹かれて、ブルンブルン、ビュービュー、バサリバサリと揺《ゆ》れにゆれ、ツタは「もうダメだ…」と何度思ったことでしょう。それでも我慢を続け、どうにかこうにか朝を迎えることができました。

大風が吹いたことなどうそのように、お日さまが顔を出しました。

「おや？　あったかいぞ！　明るいぞ！」

気が付くと、ツタの葉はこれまで感じたことのない光と暖かい空気に包まれていたのでした。なんと、ツタの葉の上にお日さまの光がいっぱいにさしこんでいるではありませんか！

こまどりが飛んできて言いました。「ツタさん、大風に吹かれてお日さまの光があたる所に運ばれてきたのですね。よかったですね」

そうなのです。冷たい土蔵の壁の上で我慢して待っていたツタの葉は、大風に吹きとばされて、いつの間にかお日さまの光があたる所に運ばれていたのでした。

●——友だちのおもちゃをとってしまう、たくちゃんへ

こどもは欲しいものをどうにかして手に入れたいと思います。そんな時にはどんなことばも耳には入らないでしょう。友だちのおもちゃを黙って取ってしまったら…その時は毅然《きぜん》として返させましょう。そして、夜、気持ちが落着いたころ、こんなお話をしてあげたら、心に届くかもしれません。繰り返し、くりかえし話してあげてください。お話をする時には、いつでもユーモアという良き相棒を道連れにされますように！

おもちゃの好きな小鬼

ゴン太くんは、砂場で遊んでいる一郎くんのことがさっきから気になって仕方がありません。なぜって、一郎くんはピッカピカの新しいクレーン車で遊んでいるからです。ガーッというういさましい音を出しながら砂を持ちあげ、スルスルと動いて他の場所に砂を運び、またガーッという音を立てながら砂を降ろし…それを繰り返すと、あっと言うまに砂の山ができていきます。ああ、ゴン太くんが長い間あこがれていたクレーン車！　欲しくて欲しくてたまらなかったあのクレーン車で一郎くんが遊んでいるのです。

ゴン太くんは去年のクリスマス、サンタさんに「どうぞ、クレーン車をください」とお願いしていたんです。それなのに、どうしてかサンタさんはクレーン車をプレゼントしてくれませんでした。クレーン車のかわりに木でできた大工道具を持ってきてくれました。大工道具でもおもしろく遊ぶことはできましたが、クレーン車のように胸がワクワクおどるような気持ちにはなりません。

ゴン太くんはとうとう手に持っていた大工道具をほうりだして、一郎くんのそばに行きました。そして「クレーン車かして！」と頼みました。

「ダメ！　これもらったばかりなんだから！」

一郎くんは恐い顔をしてそう答えました。そして、またクレーン車で遊び始めました。

クレーン車はガーッと大きな音を出しながら砂を持ちあげています。

「ねえ、ちょっとだけでいいからかしてよ！」

「ダメって言ったらダメ！」

「ほんとにちょっとだけでいいからさあ…」

「いやだよ！」

ゴン太くんの手が、知らず知らずのうちにクレーン車にのびてゆきます。

「だめだってばあ！」その手を一郎くんが思いきり叩《たた》きました。ゴン太くんはそれでもクレーン車をはなしません。それどころか、クレーン車を胸にしっかりかかえこんでしまいました。一郎くんはゴン太くんの腕をがぶりとかみました。するとゴン太くんは持っていたクレーン車で一郎くんの頭を思いきり叩きました。一郎くんは大声をあげて泣きながら、ゴン太くんをタックルしました。その瞬間に、クレーン車がゴン太くんの手からポロリと落ちました。

その時です！　砂場の上にすーっと黒い手が伸びてきて、さっとクレーン車をつかむとあっと言う間に消えてしまいました！　小鬼です！　小鬼は木の陰にかくれて、さっきからずーっと見ていたのです。そして、ゴン太くんと一郎くんがとっくみあいの喧嘩《けんか》をしているすきに、クレーン車を取ってしまったのでした。

公園にはいつだって、おもちゃの好きな小鬼が目を光らせているんです。そして、こどもたちがおもちゃを取り合って喧嘩を始めると、すきを狙ってさっとおもちゃを取ってしまうのです。あなたも公園でおもちゃをなくしたことはありませんか。

それは、きっと小鬼に持っていかれたのですよ。時々公園で、「へっへっへっ」という小鬼の笑い声を聞いたことがあるでしょう？

けれど反対に、こどもたちがおもちゃをゆずりあって、仲良く遊んでいると、小鬼はおもちゃを横取りすることができなくて、がっかりして帰っていくのです。

小鬼は今日も「誰か、おもちゃの取り合いをしていないかな？」と目を光らせているはずですよ。ご用心！　ご用心！

引っこみ思案なこどもへ

自信がなく、いつも人のかげにかくれているこどもがいます。もちろん、その子自身の気質や性格がそうさせているのですから、無理に人前に出したり、お友だちと遊ぶことを強要する必要はありません。けれど、人と一緒にいることは嬉しいこと、お友だちと遊ぶことは楽しいということが少しずつ分かってくるといいですね。そうしてこどもの世界がひろがり、生活が豊かになってゆくことを願いながら……。

ミミズの雨ごいダンス

「ひーっ、ひーっ」と叫《さけ》んでいるのはかたつむり、「から、から、から」と熱い息をはいているのはカマキリ、「あつーっ」と頭から湯気をたてているのはカエル…原っぱのあちらこちらでこんな騒ぎが起きています。からからに乾《かわ》いたいたどりの葉の上では、むかでが百ある足を折り曲げながら数をかぞえていますよ。

「雨が降らなくなってから、31、32、33、34…今日でもう35日…」

そして、ふーっとため息をついて空を見上げました。まっ青な空はどこまでも晴れていて、雲のかけらも見えません。そうなんです。この原っぱには今日で35日間、雨が一つぶも降っていないのです。いつもはたっぷり水をふくんでいる黒い土はすっかり乾ききって、風が吹くたびにさーっとほこりが舞い上がるしまつです。日照りが始まる前には池もあって、きれいな水が満満《まんまん》とたたえられ、ゲンゴロウ、ミズスマシ、どじょう、カエル、そして小さな魚たちが気持ち良く暮らしていました。けれどその池も、いまは底の方に小さな水たまりがあるだけになってしまいました。

　また、原っぱには草が青々と茂り、美しい花々も咲いていました。小さな虫たちはこの原っぱがたいへん気に入って、ゆったり暮らしていたのです。けれど、長く続いた日照りのために、葉も花もみんなぐったりとしおれ、弱い葉や花はすっかり枯れて、カラカラと音を立てて風に揺《ゆ》れている有様です。そして原っぱに暮らす小さな動物たちは、毎日毎日空を見上げてはため息をつくばかり…。

「ああ、困ったわ。草のつゆが飲めないので、おっぱいがすっかり出なくなってしまったの」こがねむしのお母さんは、おっぱいを欲しがってひーひー泣いている赤ちゃんを抱きながら、嘆《なげ》いています。

「ああ、こんなに強い日ざしの中では、もう飛ぶことができません」と、モンキチョウが小さな声でつぶやいています。

「どろんこ池でなんて泳げやしない！　せっかくの長い足も水がなけりゃスーイスーイと動かせないんだよ！」と怒っているのはミズスマシです。

　みんな、本当に困っているのです。どうしたらよいのでしょう。もちろん、毎日神さまにお願いしているのですが…。

「どうぞ雨を降らせてください」「原っぱに暮らす私たちを助けてください」「これ以上雨が降らない日が続いたら、私たちはみんな死んでしまいます」と、お願いしているのです。

その晩、その原っぱで暮らす草や花、虫たちが集まりました。

「このままでは、みんなが干上がってしまう。なんとかして雨を降らす方法はないものだろうか？」と、クモの親分が腕を組みながら言いました。

「私の仲間はみんなとても弱っている。明日にでも雨が降らなければ、きっと死んでしまうだろう」と、アリの大将が首を振り振り言いました。

「生まれたばかりの赤ん坊を、神さまは見殺しにされるのでしょうか！」と、こがねむしのお母さんは泣きながら訴えました。よい方法を思いつくものは誰もいません。原っぱはしーんとして、ただ月の光に照らされているだけでした。

と、その時すみの方から声がしました。

「あのー、私、良い方法を知っているのですが…」小さな小さなミミズでした。

「えっ、おまえが？」「いつも土の中にいて、たまに出会ってもあいさつもしないおまえが、そんなこと知っているなんて信じられん」

「土の中でくにゃくにゃと動きまわってろくな働きもしていないおまえが、雨を降らせる方法を知っている？」

「そんなばかな！」

「友だち付き合いもしないおまえが、そんなことを知っているはずがないじゃないか！」

原っぱの生き物たちは口ぐちにそう言って、ミミズの話を聞こうとはしませんでした。じつはミミズはとても恥ずかしがりやで、原っぱの仲間たちと出会っても、恥ずかしくていつも知らない振りをしてとおりすぎてしまっていたのです。そんなわけで、ミミズは誰ともお付き合いがありません。ミミズの話を本気で考えるものはなく、ほかに良い方法を思いつかないまま、みんな家に帰って行ったのでした。

けれど、次の日も、その次の日も、そしてそのまた次の日も…雨は降りませんでした。こがねむしの赤ちゃんは声を出して泣くこともできなくなり、お母さんはいても立ってもおられず、ミミズを訪ねました。恥ずかしがりやのミミズの家は土の奥深くにありました。こがねむしのお母さんはようやくのことでミミズの家を探しあて、こうお願いしたのです。

「ミミズさん、雨を降らせるための良い方法とやらを、ぜひ教えてください。私の赤ちゃんはもうすっかり弱ってしまい、これ以上雨が降らなかったらきっと死んでしまいます」

「いいですよ。私のおじいちゃんが話してくれたことですが…むかし、むかし、今と同じように雨が降らない日が長く続いたことがあったそうです。そこで、おじいちゃんが雨を降らせるくにゃくにゃ踊りを踊ったところ、空にもくもくと黒い雲がわき、雨が降ったというのですよ」

「私もどこかで聞いたことがあるような気がするわ。ミミミズが雨ごいのダンスを知っているって…そのことだったのね。ぜひ、今すぐに踊ってくださいな」

「ええ、踊りましょう。けれど、私が踊っている姿をけっして見ないでくださいね」

「ええ、約束します」

そうしてミミズはくにゃくにゃと体をくねらせ、歌い、踊ったのでした。

ホレッ…そーら、そら。くーも、くも。あーめ、あめ。

ソレッ…そーら、そら。くーも、くも。あーめ、あめ。

アラレッ…そーら、そら。くーも、くも。あーめ、あめ。

どれくらい続いたでしょうか。「雨だ！」「雨だ！」「雨が降ってきたぞう！」「ありがたい、雨だ！」原っぱから声が聞こえてきました。

こがねむしのお母さんはその声を聞くと、大急ぎで家へ戻り、赤ちゃんを抱いて外へ出ました。「ああ、雨だわ！　雨だわ！」そう言いながら顔を空に向けてごくり、ごくりと雨を飲んだのでした。原っぱの生き物たちはどんなに喜んだことでしょう。雨はそれからしばらく降り続き、大地も草木も花も、たっぷりと水を飲んで生き返ったのでした。

そして、くぼ地の池にも水が満満とあふれ、ほら、ミミズスマシやアメンボウが泳いでいますよ！　こうして原っぱの生きものは生きのびることができ、土の奥深くでみんなが喜ぶ声を聞きながら、ミミズは神さまに心からお礼を言ったのでした。

●なかなか寝ないこどもに

毎晩、こどもを寝かせるのが一苦労！　もっとすんなり寝てくれたらどんなに楽かしら？　とおっしゃるお母さん、お父さんの声が聞こえます。すこし大きくなったら、こんなお話をしてあげてはどうでしょうか？

寝ない子、誰だあ？

ソウタくんは寝るのが大嫌い！　毎晩寝ないで遊べたら、どんなにか楽しいことか！　どうして寝なきゃいけないんだろう？　お母さんも、お父さんも、ぼくが楽しく遊んでいるのに「おもちゃを片づけなさい。もう寝る時間ですよ」って言うのはひどいや！　今夜もせっかくステキな工事現場を作ったのに、「パジャマに着がえて！　歯を磨《みが》いて！」って…うるさいなあ！

「もう、寝る時間ですよう！」…お母さんのことばを聞かないふりをして、ソウタくんは座布団を並べて作った工事現場を、ガーガーと言いながらダンプカーを走らせています。

その様子を空の上からカミナリさまが見ていました。「やあやあ、よかった、よかった。ちょうどよい時に寝ないこどもを見つけたぞ。この1週間、わしは夜も寝ずにタイコを叩《たた》きつづけて、すっかり疲れてしまった。夏はあちらこちらでカミナリ雲が生まれるからのう。そのたびに、わしはタイコを叩かねばならないのじゃ。だれか、わたしのかわりにタイコを叩いてくれる者はいないかと探しておったが…ちょうどいい、あんなに寝るのが嫌いなこどもなら、わしのかわりに喜んで、今夜は寝ずにタイコを叩いてくれるじゃろう。」

そこで、カミナリさまは家来の赤鬼を呼び、「あそこに寝るのが大嫌いなこどもがおる。今夜は寝ないでわしのかわりにタイコを叩いてもらおうと思うから、今すぐ行って連れて来てくれ」と言ったのでした。赤鬼は、「ははーっ、ご主人さまのおいいつけならなんなりと」とていねいにおじぎをし、すぐにでかける用意をしました。

赤鬼はトラがわのパンツをはき、太くて大きな鉄の棒を手にして外に出ると、ピューと口笛を吹きました。すると、あっと言う間に黒雲のかたまりがあらわれ、赤鬼はその上にひょいと飛び乗ると、またピューと口笛を吹きました。すると赤鬼を乗せた黒雲は、たいへんな勢いで空を飛んで行ったのでした。赤鬼は、ビュンビュン飛ぶ黒雲の上からソウタの家を探しました。そうそう、言うのを忘れましたが、赤鬼は大きなよく見える目を持っていて、海の向こうまでもやすやすと見えたのです。

「あっ、あった、あった、あの家だな。見える、見える！『寝たくない』とわめいている子どもの姿が見えるぞ」

そう言って、またピューと口笛を吹きました。そのとたん、黒雲はウィーンと高いうなりごえをあげながら、ソウタの家をめがけてぐんぐん降りていくのでした。そして黒雲は今度もあっと言う間に、ソウタの家の前に着き、ピタっと止まったのでした。黒雲からとびおりた赤鬼はガラっと玄関の戸をあけ、われんばかりの大声をだして言いました。

「寝ない子、誰だあ？　この家には寝ないこどもがいるはずだ。寝ない子を出せ！　寝ない子はカミナリの国につれていって、タイコを叩く手伝いをさせるぞお。寝ない子、誰だあ？」

それを聞いて、ソウタもお母さんもびっくり仰天《ぎょうてん》！

「ワー、鬼が来た！」「ぼく、カミナリの国に連れて行かれるなんてイヤだよう」

お母さんだってソウタがカミナリの国につれていかれたら困ります！

「ソウタ、早くいらっしゃい！」

そう言うと、お母さんはソウタの手を摑《つか》んで大急ぎで寝室に行き、ソウタをお布団の中に押し込みました。そのとたんにドアがあき、赤鬼がニュッと顔を出して言いました。

「こどもの匂いがするぞう。ここだなあ、寝ない子はここにいるなあ」

「ええ、こどもはいますよ。けど、うちのソウタはもうとっくに寝てしまいました。見てください、このとおりです」と、お母さんはお布団を指さして言いました。

「おかしいなあ、たしかにこの家の窓から『寝たくない、寝たくない』といっているこどもの姿が見えたのだがなあ…」

「何かのお間違えじゃありませんか？　うちには『寝ない子』はいませんよ。大きな声をだされるとソウタが目をさましてしまいます。どうぞ、もう帰ってください」

赤鬼は大きな目をギョロリとむいて部屋中を見まわしました。こどもは布団に入って寝ています。

「おかしいなあ、たしかにこの家だと思ったが…仕方ない、帰るとするか…カミナリさまがさぞがっかりなさるだろう」

赤鬼はそうつぶやきながら、また黒雲にのってビューっと帰っていったそうですよ。

4 ● 学ぶことを始める

6歳半から8歳半ごろのこどものために

いま　あなた方にできないことが
大人になった時
できるようになるために
あなた方は学ぶのです
美しい世界を創るために
学ぶのです

こどもたちはとうとう私たちの手を離れて、学校という学びの場に出て行く年齢になりました。シュタイナー学校では入学式にこんな話をします。

「みなさん、みなさんのまわりを見回してください。たくさんの物がありますね。みなさんが腰掛けている椅子、手をのせている机、みなさんが身に付けている洋服、はいている

靴、そしてこの教室も、学校も…すべての物が大人の手によって作られました。すごいことですね。大人はいったいどうやってこういう物を作ることができるようになったのでしょう。そうです。大人は学ぶことによって、こんなにたくさんの物を作ることができるようになりました。

みなさんはこどもですから、今は大人のようにこんなにたくさんの物を作ることはできません。けれど、これから学校でたくさんのことを学び、大人になってさまざまな物を作ることができるようになるのです。そして、人のために役に立つことができるようになるのです。学校は、世の中で必要とされている物を作ることができる、そういう大人になるために学ぶことところです。今日からしっかり学び、みなさんのまわりにいる大人のように物を作ることができる人になりましょう」

与えられた知識をただ覚えるのではなく、しっかり学び、さまざまな物を作ることができ、世界の役に立つ大人になるために、こどもたちは学ぶのです。学ぶためには「学びたい！」という衝動が必要です。では、その衝動はどのようにしてこどもの中に生まれるのでしょうか？　それは、世界に対する興味や関心から生まれます。興味や関心が強まると、それは愛に変容します。このプロセスこそが、この年頃のこどもたちにとって大切な体験なのです。

こどもたちが今いる小さな世界が学ぶことによって少しずつ広がり、やがて大きな世界に飛び立つことができるよう、手助けしたいものですね。ここに収めた小さなお話が、少しでもその力になれますように。

恵みはみんなで分かち合う

私たちは自然から多くの恵みをいただいています。みんなで分け合えば、この地球上から飢える人はいなくなると言われています。それにも関わらず、飢えのために生命を失う人々が後を絶ちません。分かち合う心を忘れてしまった大人が、こどもに何を伝えられるでしょうか？

ふたご山

昔、美しい山がありました。雨があがるとその山の頂《いただき》に、決まって美しい虹がかかるのでした。村人はいつからか、その山を「虹の山」と呼ぶようになりました。山には食べられる草や木の実がたんとなり、獣《けもの》や鳥が暮らし、川には魚も住んでいました。

村を治めていたのは重吉という名の村長《むらおさ》でした。重吉はいつもおだやかで決して心を乱すことがなく、また持っているものはおしみなく誰にでも分け与えましたので、村人に大変慕《した》われていました。村人は山の恵みと重吉のおかげで、平和に暮らしていました。が、しかしその重吉ももう七十歳、近頃は身体が弱って床から起きあがることができない日もあります。

重吉にはさわという名の娘がありました。ある日、重吉はさわを呼び、こう話しました。

「虹の山は大昔からこの村にあって村を日照りから守り、大風からも、大雨からも守ってくれていたのだよ。また、虹の山はおまえが生まれた時から、おまえの守り神にもなってくださった。虹の山は村の宝だ。わしが死んだ後はおまえが虹の山を守り、山の恵みをこれまでのように村人に分け与えるように」

それからまもなく重吉は重い病にかかって亡くなりました。さわは、父親が言い残したように虹の山を守り、山の恵みを惜《お》しむことなく村人に分け与えました。

やがてさわは年頃になって婿《むこ》をとりました。ところがその婿は欲張りな男で、春には虹の山になる山菜を一人占めにし、夏にはこっそり川で魚を釣り、秋には木の実を隠し、冬に焼く炭はこそこそと一人で使い…村人には山の恵みをいっさい分けようとしませんでした。そしてしまいには山に囲いを作って、村人を山に入れないようにしてしまったのです。

それから間もなくのことでした。ある日の朝、とつぜん天が揺《ゆ》れ、地が揺れて、世界中がわめいているような大きな音がしました。村人が驚いて外に出てみると、地ひびきをたてながら、虹の山が大揺れに揺れているではありませんか！　そしてやがて、村人の目の前でガラガラと山が崩れ落ち、川も池も、森も林も、そして畑までもが土に埋《う》まってしまったのです。村人はたいへん驚き、怖《おそ》れ、どうしてこんな災難がふりかかったのかと、口々に話し合ったのでした。

土に埋もれた川の中で魚は死んでしまい、山の木々は崩れ落ちた土になぎたおされ、木の実も土に流され、山に暮らす獣《けもの》は食べるものを探して、里に下りてきては悪さをするのでした。こうして山の恵みを失った村人は、物を奪い合っては争い、罵《のの》り合っては怒り、苦しみ、恨《うら》みながら暮らすようになってしまいました。

そんな村人の様子を見て、さわはとても心を痛めておりました。

ある晩、夢の中に重吉が現れ「おまえの婿どのが約束を守らなかったために、こんなことになったのだ。虹の山に囲いを作って村人を閉め出すとは、なんと愚《おろ》かなことをしたものじゃ…虹の山の神さまがお怒りになって、山を崩してしまわれたのだよ」こう言って嘆《なげ》いたのでした。「お父さま、本当に申し訳ないことをいたしました。なんとか虹の山を元に戻すことはできないでしょうか？」と尋《たず》ねるさわに、「たった一つだけ方法がある。それは、おまえの婿どのが心を改めることじゃ。そして、もう二度と山の恵みを一人占めにしないこと、山の恵みを奪わないこと、争わないこと…それを誓《ちか》うことができたら、わしから虹の山の神さまにお願いしてみよう」と言ったのでした。

さわは婿どのに夢の話をし、心を改めて、もう二度と山の恵みを一人占めにしないこと、山の恵みを奪わないこと、争わないこと…を誓わせたのでした。

その日の夕方のことです。はげしく崩れて跡形もなくなった虹の山の上に、それはそれは美しい虹がかかり、見る間にふたご山はもとの美しい姿に戻ったのでした。そしてやがて山には鳥や獣が暮らし、谷には清い水が流れて魚が住み、草や実もたんとなるようになりました。さわの婿どのもすっかり心を改め、山の恵みを村人たちと分かち合いながら、平和に幸せに暮らしましたとさ。

力を合わせ、助け合って暮らすために

「そんなつもりで言ったんじゃなかったのよ」と思いながら、私は時おり人を非難することばを発します。こどもたちへのメッセージというより、自戒をこめて……。

星が消えた町

昨日、私は恐ろしい体験をしましたですよ。いえね、ごらんのように私は背中に薬箱を背負って旅をしながら薬を商《あきな》う者なので、これまで日本中を方々歩きましたが、昨日ほど恐ろしい思いをしたことはありませんでした。

昨日はこの山を一つ越えた村に泊まったのですがね、なんとあなた、その村には夜になっても☆《ほし》が出ないのです。ええ、そうなんです。その村の空から☆が消えてしまったのですよ。昨夜は満月でしてね、ああ、あなたもあの素晴らしい月をごらんになりましたか。昨夜はまた雲ひとつなく晴れていましたからねえ、光の雫《しずく》が落ちてでもくるように月は煌々《こうこう》と照っていましたですねえ。

ところがあなた、空には☆が一つも出ていなかったのですよ。「月が明るくて、見えなかったんじゃないか?」ですって! ええ、私も最初はそう思ったのです。で、目を凝《こ》らしてよーく見ましたよ。ところがいくら目を凝らしても☆の一つも見あたりませんでした。「☆が見えないくらいで、そんなに騒ぐことはないじゃあないか!」とおっしゃいますか？　さあて、それはどうですかね。☆《ほし》のない空をごらんになったら、あなたもきっと不気味だと感じられるにちがいありません。それに、その村の空から☆が消えてしまった訳をお聞きになったら、あなたもそんな呑気《のんき》なことをおっしゃってはいられなくなりましょう。

私は昨日の朝早く宿を出て一日商いをし、夕刻隣村に着きました。疲れてはいましたが、昨日はおかげさまでよい商《あきな》いができましたので、いつもより早く宿に入り、湯にでもゆっくりつかってのんびりしようと考えましたんです、はい。見たところ、その村には宿は一軒しかないようでした。で、私はその宿ののれんをくぐり、草鞋《わらじ》脱ごうとしました。が、宿の者がなかなか出てきません。ふつう、客が入ってきたら、宿の者は飛んで来るものです。ところがその宿は違っていて、声をかけても人が出てこないのです。何度か声を張り上げたあげく、ようやくのろのろと人が出て来はしましたがね、その主人とおぼしき者がなんと言ったと思いますか？

「何のご用ですか？」と、こう言うんですよ。仮にも宿屋をしている者がですよ、入ってきた客に「何の用か？」と聞くなんて！　私はあきれかえって「ここは宿屋じゃないのかい？」と皮肉を言ってやりましたです。

けれどその男は私の皮肉にも気が付かないのか、こう言いましたですよ。「ええ、宿屋は宿屋ですが、呪《のろ》われた宿屋です」と。私は腹も立ちましたが、なにか気持ちが悪くなってすぐに飛び出してしまいました、はい。

で、私は通りを歩いている人に、いったいぜんたい、その宿に何があったのか尋《たず》ねたいと思いましたんです。ところがあなた、村の衆は私を見ると、目を合わせないようにしてさっさと通りすぎてしまうんですよ。

さてはて、あたりはだんだん暗くなるばかり…村の衆は私に話しかけられては大変と言わんばかりに避《さ》けて行ってしまう…せっかく良い商いができたので、ゆっくり休もうと思っていたのに、宿にもありつけない有様で…。

仕方がない、今夜は社《やしろ》にでも寝させてもらうかと考えて、来た道を戻りました。ええ、来しなに村の入り口に小さな社があるのをちゃんと見ておりましたです。はい、それも行商する者の知恵というもので。で、社に着きますと、社の前で手を合わせているおばあさんがおりました。邪魔《じゃま》しちゃ悪いと思って待っていましたが…しびれを切らせて私は話しかけました。おばあさんは腰を抜かさんばかりに驚いたようでした。無理もありません、夕暮れの社で見知らぬ男に声をかけられたら、誰でも驚くでしょう。

「驚かしてすまなかった。私は薬の行商人だよ。宿を探しているんだが当てが外れてねえ……仕方がないので今夜一晩、この社に泊まらせてもらおうと思ったのだ」

で、私は何気ない風を装《よそお》って、おばあさんにこう尋《たず》ねました。

「なにかい？　この村には大きな災難でもあったのかい？　いえね、村の人たちがあんまり浮かない顔しているんで気になったのさ」と。おばあさんがぼそぼそ話してくれたことはこんなことだったですよ、はい。

三月《みつき》前のことでした。あなたが泊まろうとなさったあの宿の主と嫁の間には、十歳になる息子染吉がおりまして、村長《むらおさ》の次男、松蔵と大の仲良しでした。二人は朝起きた時から寝るまで一緒にいたものです。寺子屋へ行くのも一緒、帰ってくるのも一緒、互いの家を行ったり来たりしながら手伝いをするのも一緒に……それはそれは仲が良かったのです。

ところがこの春……もう三月《みつき》も経つんですねえ……村に芝居の一座がやってきました。その一座に染吉と松蔵と同い年の役者の息子がいたのです。名前は章太と言いました。芝居の一座がこの村に小屋をかけていたのはたったの十日間でしたが、子どもたちはすぐに仲良くなって、歳も同じせいもあってか三人はよーく一緒に遊んでいましたです。

ところが三人というのはなかなかうまくいかないものですねえ。お察しのとおり、章太は、「松蔵がおまえのことを大嫌いだと言っていたぞ」と言っては染吉の気持ちを自分に引きつけ、松蔵には「染吉がおまえを薄のろとんまと言っていたぞ」と言いたてて染吉から引きはなそうとしたのです。松蔵と染吉は、自分たちの知らないことをたくさん知っている、そして、今まで見たこともないような珍しい物を持っている大人びた章太に憧《あこが》れて、章太に好かれたい、章太に気に入られたい一心で、それまで言ったこともない悪口をお互いに言い合うようになってしまいました。二人とも賢《かしこ》い子どもでしたが、やはり十歳の子どもは十歳の知恵しかなかったのですねえ。

そうして、あんなに仲の良かった二人が、章太が村を去った時にはもう口もきかない、会っても目をそらす、悪口を言い合う…そんな仲になってしまいました。最初は子どもの喧嘩《けんか》だなんて笑い合い、仲直りするように諌《いさ》めていた二人の親たちも、日がたつにつれて子どもたちの言うことを真に受けるようになり、いがみ合うようになりました。そうしてついには親類たちが昔のことまで引き合いに出して、ああだ、こうだと言い始め、あなた、気が付いた時には村はまっぷたつに別れて諍《いさか》い、咎《とが》め合い、傷つけ合っていたのですよ。恐ろしいことですねえ。たった十歳の子どもの喧嘩がもとで、村がこんなふうになってしまったのです。そして、気が付いた時には夜空からすっかり☆が消えていたのですよ。

その時初めて、村人たちは昔からの言い伝えを思い出しました。私も小さい頃に、ひいおばあさんから聞いたのですが…。

遠くから一人の男の子がこの村に「悪」をもたらすだろう。その「悪」の力によって村中の者が争い、村はまっぷたつになってしまうだろう。そして「悪」は天高くのぼり、星々の輝きを曇らせ、やがて輝きを失なって、村は☆《ほし》一つない暗闇につつまれるだろう、と。

言い伝えのとおりになってしまいました。一つ消え、二つ消え、気が付いた時には真っ暗な空に、月が冴《さ》え冴えと輝いているだけでした。私たちが心を改めなければ、そのうち月までも消えてなくなってしまうでしょうよ。そうしたら、私たちは真の闇《やみ》の中で暮らさなければなりません。今では人が集まれば悪口を言いつのり、責め立て、誹《そし》り、村の人は醜《みにく》い争いを続けています。そんな村人の悪い思いが空気を汚したのでしょう、畑の作物もろくに実らず、花も草も木も元気をなくし、病気になって枯れてしまいました。森に棲《す》む獣の声も、鳥のさえずりも聞こえません。

村人が心を改め、人を悪く言うことがないように…と、私は毎日ここへ来て祈っているのですよ。

それからどうなったか、私には分かりません。けれど、私が日本をひとまわりして、またあの村を訪ねてくる時には、夜空に星が瞬《かがや》いているとよいのですがねえ…。

お友だちのために生きる

…友のために生命を投げ出す、いえ、嫌いな人のためにも…そういう人にあこがれ、そういう人にいつかなりたいと私は願っています。こどもたちは私より、もっともっと先に進んでいるはずです。彼らが成人した時には世の中の多くの人がそうなっていることを願いながら…。

キンポウゲの花

諒子《りょうこ》ちゃんはもう半年も病院のベットの上で暮らしています。

諒子ちゃんは生まれた時からとても元気で、病気をしたことがありませんでした。ところが五歳の誕生日を過ぎたばかりのある日、お母さんは諒子ちゃんがよく転ぶことに気が付き、病院に行って検査を受けると、諒子ちゃんは身体の筋肉がなくなる病気にかかっているということが分かったのです。そして、諒子ちゃんはだんだん歩くことができなくなり、七歳になった時には立つことも難しくなり、とうとうベットの上に起きあがる力もなくなってしまったのです。

諒子ちゃんは今日もベットに横になったきり動けません。お医者さんは一生懸命治療してくださいますが、諒子ちゃんが以前のように元気に走りまわることはもうできないだろうとおっしゃいます。

お母さんは、諒子ちゃんにつきそってずっと病院で暮らし、家にはお父さんとおばあちゃんがいるだけです。お父さんは毎晩病院に寄って遅く帰ってくるので、おばあちゃんはいつも一人ぼっちです。諒子ちゃんが病気になる前は、いつも諒子ちゃんの話し声や、笑い声が聞こえ、家の中はとてもにぎやかでした。けれど、今は家中がしーんとして、時計の針がチクチクと時を刻む音さえ聞こえるほどです。

おばあちゃんは今日も一人で草取り…「ほーっ」という大きなため息をつくたびに、丸い小さな背中がますます小さく見えるのでした。

「諒子が元気な時には、諒子のおしゃべりを聞きながら一緒に土をたがやしたり、花の種をまいたのに…一人で草取りをしてもちっとも楽しくないもんだ…諒子がいないくて庭の花たちも寂しいかろう…あの子はまるでお日さまのように明るくて、どの花にも話しかけ、話しかけられた花はみんな元気になったもんだが…」

そうなのです。おばあちゃんの言うとおりなのです。諒子ちゃんがいなくなってからというもの、庭の草も花も元気がありません。諒子ちゃんがいる時には、どんな草も春には勢い良く芽を出し、ぐんぐん伸び、そして四方八方へと葉を伸ばして、夏には黄、紫、青、橙《だいだい》、赤と色とりどりの花を咲かせ、秋には丸々とした実をつけたものでした。そして、みんな大きな声で元気におしゃべりし、歌っていましたっけ。けれど今では、あちらでひそひそ…こちらでぼそぼそ…ふにゃふにゃ…と話す声が時おり聞こえてくるばかりです。

「諒子ちゃんの姿が見えないと、まるでお日さまがいないように感じるのはなぜかしら？」

「諒子ちゃんはいったいいつ帰ってくるの？」

「諒子ちゃんの声が聞こえないと、ほんと、この家は静かだねえ」

「諒子ちゃんが帰ってこないなら、私、いっそのこと早く種になって、にぎやかで楽しい庭に飛んでゆきたいものだわ。そして、毎日もっと愉快に暮らすのよ」

「それは良い考えだ。ぼくもそうしよう！　諒子ちゃんがいないなら、この庭に咲いている意味がないからな。秋になって実がなったらすぐに飛んでゆくんだ」

こんなふうに、みんなぼそぼそと勝手なことを言い合っていたのでした。

その時、お日さまのように鮮やかな橙色《だいだいいろ》の花びらを震わせながら、キンポウゲが凛《りん》とした声でこう言いました。

「君たちはいつからそんなに薄情になったのかい？　諒子ちゃんが元気な時、ぼくたちは諒子ちゃんに世話をしてもらい、すくすく育てられたのではなかったのかい！　感謝の気持ちを忘れて、みんなよくそんな酷《ひど》いことが言えるもんだね。どうしたら諒子ちゃんの病気が早く良くなるか、そして、そのために僕らができることがないものか、考えたことはあるのかい？」

…それもそうだった…と、キンポウゲのことばを聞いて、好き勝手なことを言い合っていた草花たちはしゅんと静かになりました。

「僕はね、どうにかして諒子ちゃんの病気が治らないものかと、ずーっと考えていたんだよ。君たちも覚えているだろう？　一週間前の午後に大風が吹き、大雨が降ったよね。あの日の朝早く風にのって雲がちぎれちぎれて飛んでいた。その時、気の早い雨の滴《しずく》が僕の顔の上に落ちてきたんだ。とっても冷たかったので、ぼくは大急ぎで顔を震《ふる》わせてその雨《あま》粒《つぶ》を振り落とそうとしたんだよ。そしたら『どうぞこのままにしておいて下さいな。私とっても疲れているんです。あなたのお顔は柔らかくて、その上美しい橙色《だいだいいろ》をしています。なんだかここにいると元気が出そうな気がするんですよ。どうぞお願いです。しばらくあなたのお顔の中で休ませてください』と雨粒が言うんだ。冷たくてちょっと気持ち良くはなかったけれど、そんなに言うのなら…と思って、しばらく休ませてあげることにした。僕は顔を震わせまいとして必死だったよ。だって、その朝は風が吹いていたからね。ちょっとでも油断すると風の力に負けて身体が揺《ゆ》れてしまいそうで…僕が揺れたら雨粒はすぐに地面に落ちてしまうだろう。しばらくするとまた声が聞こえてきた。

『ありがとう。この大風の中で私を休ませるために揺れずに立っていてくださって…とってもいい気持ちだったわ。本当にあなたの顔の中は柔らかくて温かくて…もう十分休ませてもらったので私は行きます。それにしても、あなたは強い方ですねえ』って。

その時、僕は諒子ちゃんの病気のことを、その雨粒に相談してみようと思ったんだ。『この家のお嬢さんが病気なんだ。どうにかして元気になってもらいたいんだけど、僕には良い考えが浮かばない。ここに落ちてくる前に、君は大空のずーっと上からこの地上を見て暮らしていたんでしょう。だったら、諒子ちゃんと同じ病気の子が治って元気になった…ってことを知っているんじゃないかと思って…。もし知っていたら、是非、教えてくれたまえ。僕は諒子ちゃんの病気が治るためならなんでもしようと思っている』

雨粒はこんなふうに答えた。『ええ、知っていますよ。どんな病気でも治すことができるたった一つの方法を。でもそのためには、治してあげようとする者の生命と引き替えにしなければなりません。そんなことをしようとする者がここにいますかねえ…』と、考え考え雨粒はそう言った。で、私は言ったんだ。『それをする者がいるかどうかということより…今はどうかその方法を教えてくれたまえ。ねえ、お願いだ君。それはどんな方法なのかね？』」とね。

そこまで話すと、キンポウゲは大きなため息をつきました。すると、「もったいぶってないで、僕たちにも早く教えてくれよ」「そうよ、私たちだって諒子ちゃんを助けたいと思っているのよ」と、庭の草花たちは口々に言い立てるのでした。それでも黙っているキンポウゲにしびれを切らせて、草花たちはこんなことまで言ったのです。「君は自分だけが諒子ちゃんことを心配していると思ってるんじゃないの?」「思い上がりもはなはだしいね」「あなたはいつも偉《えら》そうに花壇の真ん中を陣取っているけど、今日はまた一段と威《い》張《ば》っているのね」「もったいぶっていないで、早く言ったらどうかね?」

みんなの言うことを黙って聞いていたキンポウゲが頭をあげました。そして、心を決めたように言いました。

「じゃあ話そう、そのたった一つの方法を…。その方法とは病気の諒子ちゃんに、僕たちの生命の力をあげることなんだ」

「えーっ」

「いったい、どうやって?」

と、みんながいっせいに聞きました。

「まず、僕たちのうちの誰かを植木鉢に植え替えてもらい、諒子ちゃんの病室に行くんだ。そして、ずーっと諒子ちゃんの傍《そば》にいて、僕たちの生命の力を諒子ちゃんに受け取ってもらうんだよ」

それを聞いて草花はまたいっせいに話し始めました。

「私はだめだめ、私の生命の力なんてとても弱くて、諒子ちゃんのお役に立てるわけがないわ。見てちょうだい、私のこのか細い茎《くき》を…」

と、身体をゆるゆる揺らしながら、あわててこう言ったのはナデシコでした。

「ぼくは近頃、持病のぜんそくが悪化してねえ。こんな身体じゃあ植木鉢に移されたら一日ももたないよ。悪いけど僕を当てにしないでくれたまえ」

と、ゴホンゴホンとせき込みながら言ったのは、ユキノシタでした。

「わしはもう年寄りで、とても諒子ちゃんの病気を治せるほどの力はないでのう……」

ごつごつした節を見せながら残念そうに呟《つぶや》いたのは、裏庭に生えている孟宗竹《もうそうだけ》でした。

「植木鉢と聞いただけで蕁麻疹《じんましん》ができるわ。私、狭いところが大嫌いなの」

美しい花びらを震わせながらそう言ったのは、諒子ちゃんと大の仲良しだったピンク色の桜草でした。

「諒子ちゃんのためならどんなことでもしたいと思うけど、鉢植えになるのだけはゴメンだわ。家の人が水をくれるのを忘れることがあるでしょう？　干からびてお肌がかさかさ…なんて、想像しただけで身震いがでる！」

かすれた声でそう言ったのは真っ白なテッポウユリでした。

キンポウゲが頭をあげて言いました。

「みんな、心配しなくていいんだよ。僕が行くって決めたから。今日、おばあちゃんに頼んで僕は植木鉢に移してもらう。そして、諒子ちゃんのお父さんに病院に運んでもらうんだ」

それを聞いて、他の草花たちはしーんとしてしまいました。そして、ただ黙って風に吹かれ、揺れているのでした。

その晩、諒子ちゃんは夢を見ました。

諒子ちゃんはひろーいひろーい野原にいました。スカートの裾《すそ》いっぱいについた白いレースが風に揺れていました。お日さまがまぶしく輝き、温い空気が野原を包んでいました。そこに一本のキンポウゲが咲いていました。キンポウゲはお日さまに負けないくらい黄金《きん》色に輝き、お日さまと同じくらい温かく、重なるように生えている花びらはまるでクリームのように柔らかいのでした。

諒子ちゃんは大きく息を吸い、そして、そおーっと吐《は》きました。すると身体がふわーっと軽くなったような気がしました。もう一回、おもいっきり大きく息を吸って吐きました。すると今度は両方の手がすーっと持ち上げられました。手の平がお日さまの光に透《す》けて赤く輝いていきます。諒子ちゃんはもう一回大きく胸を広げて息を吸い、そして吐き出しました。すると今度はまるで誰かに引っ張られているように、二本の足を大地につけてすうっと立ち上がったのです。諒子ちゃんはまた大きく息を吸い、そして息を吐きながら頭をぐーんと後にそらせました。真っ青な空にうすい絹雲が広がっていました。

「見て！　私立っているわ！　両手も動くわ！　頭を後ろにそらすこともできるわ！」

歩くことも、きっと走ることだってできるにちがいないわ！　そう思った諒子ちゃんは元気よく右足を前に出しました。次に左足を出しました。また右足を出しました。そして左足を、そしてまた右足、左足、右足、左足…一歩一歩確かめながら…。

「わーい、私歩ける！」

諒子ちゃんは嬉しくてうれしくて思わず早足になりました。そしてとうとう両手を振って駆《か》け出しました。

「私走れる！」

今度はスキップをしました。諒子ちゃんのスカートのレースも、髪の毛も縦に横に弾《はず》んで揺れます。ゴムマリのようにスキップをする諒子ちゃんを見て、キンポウゲはとても幸せでした。

諒子ちゃんが目を覚ましました。…今朝はなんだかお部屋がいつもより明るい感じがする、それに、とっても温かいわ…と諒子ちゃんは思いました。ベッドの傍《かたわ》らを見ると、鉢植えのキンポウゲが置かれていました。キンポウゲの花の上に、カーテンの隙間《すきま》からお日さまの光がさし込んでいます。まるでお日さまの光が花びらになったような橙色のキンポウゲの花…けれど、花びらは萎《しお》れ、首は折れて下を向いています。

「お母さん、キンポウゲが元気がないの。水をやってちょうだい」…諒子ちゃんの声を聞きながら、キンポウゲは「これでいい…」と心からそう思ったのでした。


仲の良い兄弟になってね、という願いをこめて

兄弟は少々喧嘩《けんか》をしてもしょうがないかな、と思うことがあります。けれど、時にひどく罵《のの し》り合ったり、蹴《け》ったり、殴《なぐ》り合う様子を見ると、「どうあってもやめて欲しい」「仲良くして欲しい」と願わずにいられません。

ササンガとモモンガ

ある森のはずれに、木こりのお父さんとお母さんと、ササンガとモモンガという名の兄弟が暮らしていました。ササンガは8歳、モモンガは5歳でした。

ある朝のことでした。お父さんが山へ出かけようとすると、「ヒーッ」という叫《さけ》び声が聞こえてきました。見ると、ササンガに髪の毛をぐいっとひっぱられたモモンガが泣いています。お父さんはモモンガを抱き上げ、髪をなでました。そしてもう片方の腕でササンガを抱き上げ、ほっぺにキスしました。「仲良くするんだよ」。そう言ってお父さんは二人を下ろし、ドアをあけて外に出ました。そして手を振ると、お母さんからお弁当を受け取り、斧《おの》を持って森に出かけていきました。

さて、お父さんが出かけたあとも、ササンガとモモンガはおもちゃを取り合っては叩《たた》き合い、肩が触れたと言っては悪口を言い合い、水のみ場では先を争って取っ組み合いをし……もうみなさんも気が付かれたことでしょうが、二人はとても仲の悪い兄弟だったのです。毎日毎日、朝から晩までこんなふうでしたから、お母さんもあきれて、二人がどんなにひどい喧嘩《けんか》をしても言い争っても、知らんぷりをしていたのでした。そして、ため息をつきながら神さまに祈るのでした。「縁があって、私たちのもとに兄弟として生まれてきた二人です。どうぞ、仲良く暮らせますように」

その日も昼ごはんを食べながら、ササンガとモモンガはまた喧嘩を始めました。「お兄ちゃんのパンのほうが大きいぞ！」と言いながらモモンガがササンガのお皿に手を伸ばしたのです。そのモモンガの手をササンガがぶりとかみつき、モモンガが大声をあげて泣きだすとお母さんはすっかり悲しくなり、裏の畑へ出て行ってしまいました。

するとその時、ドアを叩《たた》く音がしました。ササンガとモモンガは先を争って戸口に走ってゆきました。だって、森のはずれのササンガとモモンガの家に人が尋《たず》ねてくることなんて、めったにないことでしたから。ササンガが勢いよくドアを開けました。けれど、お日さまの光と一緒にすーと風が吹き込んで来ただけ。そこには誰もいませんでした。

二人は残念でたまりません。外へ出てあたりを見まわしましたが、やっぱり誰の姿も見えませんでした。あきらめてドアを閉めようとした時です。「ササンガ、モモンガ」と呼ぶ声が聞こえました。「おい、モモンガ、誰か呼んでなかったか?」「うん、呼んでたような気がする」「でも、誰もいないじゃないか」「そんなのぼくのせいじゃないよ」二人はぷりぷりして、また言い争いを始めたのでした。

すると「うるさい! 兄弟喧嘩《げんか》なんかしている場合じゃない!」という声が、今度は、はっきり聞こえました。二人が声のする方を見ると、ドアの前に、小人が腕組みをして立っているのでした。小人は顔を真っ赤にし、目をつりあげて、うーんと怒っているようでした。

「おまえたちがそんなふうに喧嘩ばかりしているから、父さんがけがをしたんだ!」

二人は何を言われているのか分からず、きょとんとしていました。

「いいか、よく聞きなさい。おまえたちの父さんが森でけがをした。大けがだ。すぐに手当てをしないと死んでしまう」

　ササンガとモモンガは信じられませんでした。二人が黙っていると、小人は続けて言いました。

「父さんは今朝、沼のほとりに立っている杉の大木を倒そうとしていた。二時間も斧《おの》を振りつづけて、ようやく三分の一の太さまで幹に斧が入った。父さんはそれから一振り一振り、気を付けながら斧を振っていた。もう一振りすれば木は倒れる、と思ったその時、リスの兄弟がキッキ、キッキと大きな声を出しながら走ってきた。リスたちは一つぶの木の実を取り合って喧嘩をしているようだった。おまえたちの父さんはその姿を見て、おまえたちのことを思い出したのだ。

『今朝も喧嘩していたが、今ごろどうしているだろうか。仲良く、母さんの手伝いをしているといいんだが……』

　そう思うと、喧嘩しているリスをほうっておけない気がした。そして、父さんは母さんが弁当に入れてくれた栗の甘煮をリスにやって、兄弟喧嘩をやめさせたいと考えたんだ。だが、手を休めたらその木がいつ倒れてくるか分からない。危ないからそんなことはしないほうがよかったのだ。もちろん、15歳の時から木を倒している父さんが、そんなことを分からないはずがない。でもな、喧嘩ばかりしているおまえたちのことを気にかけている父さんは、喧嘩をしているリスの兄弟をそのままにしておくことができなかったのだよ。

そして斧《おの》を振るっていた手を休め、弁当の包みを開いて栗をリスにやったのだ。

その時、めりめりという音がした。リスどもはすばやく逃げたが、父さんは一瞬遅れた。そして、倒れてきた木が父さんの上に落ちた。それきり、父さんは気を失ってしまったのだ。

すぐに天国から天使が降りてきて、父さんを連れて行こうとした。そこでわしは言ったのだ。

『この男は兄弟喧嘩をしていたリスに仲直りをさせようとして、こんなことになったのだ。それというのも、この男の息子たちもしじゅう喧嘩ばかりしておってな、男はそれが心にかかってならなかったのだ。だから、リスをほうっておけなかったのだろう。なんとか、神さまにとりなして、今度だけは助けてもらえないだろうか。このまま天国に行っては、さぞかしこの男は心残りだろうて』

天使は神さまにわしの頼みを伝えてくれた。そして神さまは『今度は助けてやろう』と言われた。だが条件があるとも言われた。それをおまえたちに伝えるために、わしはここに来たのだよ」

様子を聞きつけて、お母さんが裏の畑からとんできました。

「それで、父さんは助かるのでしょうか?」

「助かるかどうかはここにいるササンガとモモンガ次第だ。天使が伝えてくれた神さまの御心《みこころ》は…この森のずーっと奥に高い峰《みね》があり、そのてっぺんにヒーリー草という薬草がある。それを口に入れたら父さんは死なずにすむ。ただし、そのヒーリー草はササンガとモモンガが二人で取りに行かねばならない。そしてもう一つの条件は、その旅の間中、言い争いや喧嘩をしないということなのだ。二人が一度でも言い争いや喧嘩をしたら、その時、父さんはこの世をはなれて神さまのみもとに召《め》される。

どうだ、二人とも、約束できるかな。道中一度たりとも喧嘩をせず、そのヒーリー草を取って来ることができるかな。父さんの命はおまえたちにかかっているのだぞ」

二人はびっくりしてしまいました。どうしたらよいか分かりませんでした。二人きりで高い峰に登るなんてことができるでしょうか。それに喧嘩をせずに…だなんて。

「おまえたち、父さんを助けるためにぜひ行っとくれ。私も知ってるよ。ヒーリー草はあの峰の上にしか生えていない。ああ、私が行けたらどんなにいいだろう。でも神さまはおまえたち二人で取ってきなさいとおっしゃっている。それも喧嘩をせずに…。どんな小さな言い争いもしてはいけないよ。肩でちょっとこづき合うのもいけないよ。フン、と心の中で思うことも、神さまは許してはくださらないんだよ」

…そんなことできるだろうか。だってぼくたちは一日だって喧嘩せずに過ごしたことがないんだから…。

「ああ、おまえたちがふだんから仲の良い兄弟だったらよかったのに…。旅の間だけでも仲良くしておくれ。父さんを助けるためなんだから、後生《ごしょう》だからそうしておくれ」お母さんは心の底から、ササンガとモモンガに頼んだのでした。

もちろん、お父さんの命を助けなくちゃ！　と二人は思いました。お父さんの命を助けるためだったらなんでもしよう！　と思いました。今の今まで喧嘩ばかりしていましたが、もうそんなことはしていられません。二人が喧嘩せず、森の奥の高い峰に生えているヒーリー草を取って来てお父さんの口に含ませれば、死にかけているお父さんが助かるのです。そうしたらお父さんはまた、ぼくたちを両腕に抱いてキスしてくれるのです。頭をなでて「仲良くするんだよ」と言ってくれるのです。

ササンガが言いました。

「モモンガ仲良くしよう」

「うん、お兄ちゃん、ぼくもう悪口なんか言わないよ」

「ぼくもモモンガの頭を叩いたり、腕にかぶりついたりしない」

「仲良くしようね」

「ヒーリー草を取って来て、きっとお父さんに元気になってもらおうね」

それを聞いて、お母さんはたいそう喜びました。大急ぎで二人にお弁当を作り、暖かいコートを着せました。そして二人は出発したのです。

「よいか、くれぐれも喧嘩するでないぞ。相手のことを心の中で悪く思うことも、神さまは許されないということをしっかり覚えておくのだ。悪口を言いそうになったり、責《せ》めることばを吐きたくなったら、おまじないを唱《とな》えるとよい。そうだ、心が穏《おだ》やかになるおまじないのことばを教えてあげよう」

小人が教えてくれたおまじないのことばは「すーっちょ、すーっちょ、さみこみさ。めーっしゅ、めーっしゅ、からかんげ。いたものりばひ、きのじふえかえ」というものでした。ササンガとモモンガは3回唱えて覚えました。悪口を言いそうになったり、蹴《け》飛ばしたくなったり、叩きたくなった時にはおまじないを唱えて決して喧嘩はしまい、そしてヒーリー草を取って来て、お父さんを助けよう、と心に強く誓ったのでした。

こうしてササンガとモモンガの二人は出かけました。30分も歩いたころ、モモンガが「お兄ちゃん、足が痛いよう」と泣き出しました。「そんなこと知るもんか！　おまえの足の痛いのなんてぼくのせいじゃないよ」ササンガは思わずそう言いそうになり、慌《あわ》てて小人が教えてくれたおまじないを唱えました。

「すーっちょ、すーっちょ、さみこみさ。めーっしゅ、めーっしゅ、からかんげ。いたものりばひ、きのじふえかえ」

　するとどうでしょう！

「早く歩き過ぎたね。おまえはぼくより小さいのだから、もっとゆっくり歩こう」ササンガはモモンガに向かってやさしいことばを言っていたのです。すると「ありがとう、お兄ちゃん」とモモンガが答えたのでした。二人はなんだか心があったかくなったような気がしました。そして「ふーん、こんなふうに言うと喧嘩にならないんだ」と思いました。

　しばらくするとササンガが「おしっこしたくなったから、ちょっと待ってて」と言ってやぶの陰に向かって走り出しました。モモンガは「急がなくちゃならないのに、しょうがないなあ。お兄ちゃんのくせに我慢できないのか！」と言いかけました。その時、小人のことばを思い出し、そう言うかわりにおまじないのことばを唱えたのです。するとどうでしょう！「お兄ちゃん、ぼく待ってるから急がなくてもいいよ」と思わず知らず言っていたのでした。ササンガは「ありがとう、急いでしてくるから待っててね」と走りながら答えました。お兄ちゃんが帰ってきた時、二人は顔を見合わせてにっこり笑いました。なんだか心が軽くなったような気がしました。そして「ふーん、こうすれば喧嘩にならないんだ」と思いました。

　それから3時間も歩いたころ、とうとう二人の前に高い峰が現れました。てっぺんは雲にかくれて見えません。

「いったいぜんたい、こんな高い峰をどうやって登ったらいいんだろう？」

二人は途方に暮れてしまいました。ササンガは「おまえがいつもぼくの悪口を言うからいけないんだ。だからお父さんが怪我なんかしたんだ」「お兄ちゃんがぼくを叩くからいけないんだ。だからいつも喧嘩になるんだ。お兄ちゃんがぼくを叩かなかったらお父さんは怪我をしなくてすんだのに」

登れそうもない高い峰を前にして、二人は相手を責める気持ちになっていました…あぶない、あぶない。心の中でも思ってはいけない、って小人が言っていた！　ああ、神さまは気がついたかしら？　…もちろん、どんなことでもお見通しの神さまは、ササンガとモモンガが心の中で責め合っていたことを、ちゃーんとご存知でした。けれどその後すぐに「すーっちょ、すーっちょ、さみこみさ。めーっしゅ、めーっしゅ、からかんげ。いたものりばひ、きのじふえかえ」と、二人が一生懸命おまじないのことばを唱えている姿をごらんになって、今度だけは見ぬふりをしようとお決めになったのでした。

おまじないを唱えると、ササンガの気持ちが明るくなりました。そして「お兄ちゃんがこの峰を登ってヒーリー草を取って来るから、モモンガ、おまえはここで待っていて」「ぼくも一緒に登るよ。お兄ちゃん一人で登るのはたいへんだよ。きっとぼくも役に立つよ」「おまえは小さいんだから待っていたらいい。だいじょうぶ。きっとヒーリー草を取ってくるから」……二人は胸がいっぱいになりました。ササンガはモモンガを「大切な弟なんだ」と思い、モモンガもササンガを「大好きなお兄ちゃん」と思うのでした。こんなふうにお互いがお互いを思いやることは、二人にとって初めてのことでした。そしてこんなふうに助け合ったり、かばい合ったりすることがどんなに嬉しいことか、二人は初めて知ったのでした。

そんな二人の様子をごらんになっていた神さまは天使をお呼びになり、ササンガとモモンガを峰の上に運んであげるようにお命じになったのでした。天使はササンガとモモンガのそばに行き、こうささやきました。「神さまが、あなたがた二人がお互いを大切に思い、助け合っている姿をごらんになってとても喜んでいらっしゃいます。さあ、私の翼《つばさ》に乗りなさい」天使はササンガとモモンガを抱き上げて、峰の上に運びました。そこに小人が言ったように、うす紫色の美しいヒーリー草が一面に生えていたのでした。ササンガとモモンガは天使にお礼を言って、一輪のヒーリー草を摘《つ》みました。すると天使は再び二人を白い大きな翼に乗せて飛び、お父さんが倒れている沼のほとりに連れていったのです。

天使の翼からおりた二人は急いでお父さんのそばに走り寄りました。そして小人に言われたように、ヒーリー草の葉を一枚、また一枚、静かにお父さんの口に含ませたのでした。

三枚目の葉を口に含ませた時です。まっ青だったお父さんの頬《ほお》がうっすらと赤くなったようでした。五枚目の葉を含ませた時、お父さんは閉じていた目をあけました。そして七枚目の葉を含ませた時には口を開き「ああ、おまえたちが助けてくれたのだね」と言ったのでした。

お父さんは知っていました。小人が森に戻って来て、お父さんの耳元でささやいたのでした。ササンガとモモンガが、喧嘩をせずにヒーリー草を取って来ることができたら助かるのだということを。そしてお父さんは子どもたちが仲良く、喧嘩をせずに戻って来るようにと、一心に祈っていたのでした。

ササンガとモモンガが喧嘩をせず、力を合わせて自分のためにヒーリー草を取って来てくれたことを、お父さんはどんなに嬉しく思ったことでしょう。そして二人をどんなに誇りに思ったことでしょう。

ヒーリー草のおかげですっかり元気を取り戻したお父さんと、すっかり仲良しになったササンガとモモンガは、お母さんの待っている家に帰りました。三人の姿を見たお母さんの喜びはたとえようもありませんでした。そして神さまに心から感謝したのでした。

それからササンガとモモンガは、喧嘩をしたくなるたびに「すーっちょ、すーっちょ、さみこみさ。めーっしゅ、めーっしゅ、からかんげ。いたものりばひ、きのじふえかえ」

と唱えましたので、喧嘩をすることはすっかりなくなりました。

二人は大きくなって木こりになり、お父さんと一緒に森へ出かけては、町の人が必要なだけの木を切り倒しているということです。お母さんも、元気で働く三人のために毎日おいしいお弁当を作っているそうですよ。

そうそう、ササンガとモモンガは喧嘩をしなくなったので、今ではあのおまじないのことばをすっかり忘れてしまいましたとさ。

●お母さんが働いていて、さみしいと感じているこどもへ

今はたくさんのお母さんが働いていらっしゃいます。兄弟姉妹も少なく、休日を静かに過ごすこどもも多いことでしょう。ご自分の本分を発揮していきいきと働いているお母さんの存在は、きっとこどもの励みになると思います。それでもなお、「さびしい」と感じることもあるにちがいありません。そしてまた、留守番をしているこどもたちのことを、お母さんはいつも思っているはずです。そんな親子の間をミツバチがとりもってくれたお話ですよ。

いつも、お母さんといっしょ！

日曜日の昼間って、どうしてこんなに退屈なんだろう！　おとなりのミキトくんはお父さんと釣りに行ってしまったし、仲良しのカヨちゃんはお母さんと一緒にお買い物、いとこのトシくんとナミちゃんは家族旅行だって…。わたしのうちはお母さんが働いているから、日曜日だってどこも行かれない！　ああ、つまんないなあ！

ごろんと横になってテレビを見ているお父さんを横目で見ながら、ようこちゃんは一人でお庭に出ました。地面にしゃがんで棒《ぼう》で土をほりかえしましたが、今日に限ってアリもミミズも出てきません。ああ、つまんない！　そこへミツバチがブーンと羽をならして飛んできました。ひなぎくの花にもぐりこみ、蜜《みつ》を吸おうとした時、「フーッ」という大きなため息が聞こえてきました。見ると、目に涙をいっぱいためたようこちゃんが植え込みの陰にしゃがみこんでいます。かわいそうに…日曜日だというのに、どうしたんだろう？

「ようこちゃん、どうしたの？　誰も遊ぶ人がいないの？」

ミツバチが尋《たず》ねると、ようこちゃんの目から涙がポロリとこぼれました。

「お母さんは今日もお仕事なの。おうちにはお父さんしかいないの。お父さんも疲れているから遊んでくれないの」

「そうなんだあ…。そうだ、ぼく、お母さんの様子を見て来てあげるよ。そして、お母さんがいつ帰ってくるか聞いてくるよ、ねっ」

「…うん」

「ようこちゃんのお母さんはたしか、駅前のスーパーで働いているんだったね」

「そうよ、お弁当を作っているのよ、お母さんが作るお弁当とってもおいしいのよ」

「わかった！　すぐ戻って来るから待っててね」

そう言うと、ミツバチはまたブーンと羽をならして飛んで行きました。駅前のスーパーではたくさんの人が買い物をしていておおにぎわいです。あっ、いた、いた！　ようこちゃんが言ったとおり、ようこちゃんのお母さんはお弁当作りでとっても忙しそう！　ミツバチは飛んで行って、お母さんの肩にとまりました。

「これ、ようこが好きなソーセージだわ。今日帰りに買っていってあげましょう。ようこはどうしているかしら？　お父さんと楽しく遊んでいるといいんだけど、お父さんも疲れているようだったし…。そうだ、次の休みにはお父さんも誘って、ようこと三人でピクニックに行こう！　三角山に登って、海を見ながらお弁当を食べよう！　おいしいお弁当をどっさり作ろう！　ようこの好きなものぜーんぶ作ろう！　もちろん、このソーセージも入れて、ねっ。ようこ、よろこぶだろうなあ」

ソーセージをお弁当につめながら、ようこちゃんのお母さんはようこちゃんのことばかり考えているようでした。

ミツバチは飛んで帰ってようこちゃんに伝えました。

「お母さんは次の休みに三角山へピクニックに行こうって言ってたよ！　今日は、ようこちゃんの好きなソーセージをおみやげに持って帰って来るよ。ようこちゃん、楽しみに待っていたらいいよ」

ようこちゃんは、お母さんが帰って来たらすぐに入れるように、お風呂をわかして待っていることにしました。

5

●広い世界へ旅立つ

8歳半から11歳ごろのこどものために

あなたは今
自分の足で立ち
自分の手で触れ
自分の目で見
自分の耳で聞き
自分の心で感じ
自分の頭で考えることを始めたのですね
そしていよいよ　自立への旅に出るのですね

9歳、10歳になると、幼さを残しながらも、こどもたちはどことなく少年や少女の雰囲気を漂《ただよ》わせるようになります。身体の骨組みもしっかりしてきて、それまで細細とした感

じだった身体に力強さが加わります。そして一人でいることを好むようになります。私の息子たちもそうでした。それ以前は、私が行く所にはどこにでも付いて来たのに、「お買い物に行く？」と聞いても「ううん、家にいる」、「おやつの時間よ」と言っても「今食べたくない。後にする」。「仕事が済んだから一緒にお風呂に入りましょうよ」と誘っても「宿題を済ませてから一人で入る」と言うようになりました。

皆さまのお子さんにもそんなことがありましたか。それとも今がそんな時ですか。彼らの内で、今まさに「自我」がしっかり育ち始めたのですね。覚えていらっしゃるでしょうか。3歳の頃、こどもたちはしきりに「いやだ」「嫌い」「だめ」ということばを発するようになりました。それは、彼らの内で芽生え始めた「自我」が言わせたのでした。それから6年が経ち、「自我」はこどもたちの内で絶え間なく成長しつづけて、今彼らの内で強く「自分」を主張し始めたのです。

自分は何を望んでいるのか？　自分はこの人をどう思っているのか？　自分が何を嫌っているのか？　自分はこれをしたいのか、したくないのか？　…彼らの内で成長した「自我」が、彼ら自身の思いや考えを示すようになりました。彼らは自分を発見しました。そして同時に、発見した自分が、自分とは異なる人々が周囲にいるということをも発見したのです。

「私は私。私は私以外の誰でもない。私以外の人はすべて他人」…そう気付いたのです。

こどもたちはこれまで、自分とお母さんは一つの存在だと感じていました。「私にはいつもお母さんがいる、お母さんはいつでも私を守ってくれる。だから私は安全だし、安心だ。なにも怖いものはない」そう感じて、こどもたちは幸せでした。

けれど、お母さんが自分ではない他者であると気付いた今、彼らはどれほどの孤独の中にいるでしょう。彼らは今、「私は一人ぽっちだ、お母さんは私じゃあない」という事実に向き合っているのです。

勿論、子どもはこんなふうに意識しているわけではありません。けれど、自分の内側で起きていることを、彼らは無意識の内に感じて寂しくて、不安でたまらないのです。恐ろしくて仕方がないのです。いつでもあなたと一緒だった子どもたちは今、自分が一人であることに気付き、怖くて仕方ないのです。そして子どもたちはその不安な気持ちをあなたにぶつけて、不平や不満を言いつのっているのです。寂しさや恐ろしさを隠そうとして、強がりを言っているのです。お父さんを批判し、先生に反抗しているのです。

こどもたちの肩をやさしく抱き、安心させてあげましょう。そしてこれからも必要な時にはいつでもあなたが傍《かたわら》にいるということを伝えてあげてください。あなたが彼らを心から愛しているということを知らせてあげてください。そして、彼らの不安な気持ちがぬぐい去られたら、その時背中をそっと押してあげましょう。
「勇気を持って前に進むのよ。私はいつでもあなたのそばにいるから…。人が成長する限り、誰にも一人で世界に向かって歩き出さなければならない時が来るの。あなたにとって今がその時なのよ。お父さんも私も、昔、あなたと同じように一人で歩き始めたのよ。そうしてさまざまな人と出会い、さまざまなことを学び、さまざまな体験をして成長してきたのよ」と。

お話をしてあげてください。あれこれと命じたり、説き伏せるのではなく、勇気を振り絞《しぼ》って大きな決断を下した人の話を。恐怖を克服して前に進んでいった人の話を。不得手なことを頑張ってやり遂げた人の話を。自分が大切にしていたものを、他者に差し出した人の話を。世界のために持てる力をすべて使い尽くした人の話を。

こどもたちは物語の主人公や英雄に励まされ、慰《なぐさ》められ、勇気づけられ、やがて一人で歩き始めるに違いありません。未来に向かって、見知らぬ世界へ…。

第4章

もっと、もっとお話を!

1●お話は誰にでも創れます

「お話を創るなんて、とんでもない！」「自分でお話を創るなんて、考えたこともありません」「良いお話がたくさんあるんですから、私がお話を創る必要なんてないんじゃありませんか？」…。

「お話は誰にでも創れますよ」と言うと、ほとんどの方がこうおっしゃいます。けれど、よーく考えてくださいな。これまで、こどもがぐずった時、あなたは「そんなにぐずぐず言っていると、鬼が来ますよ」なーんて言ったことはありませんか？　私たちが悪さをしてあれこれ言い訳すると、祖母は「うそをつくと閻魔《えんま》さまに舌を抜かれちゃうよ」と言ったものでした。

鬼も閻魔さまも、ファンタジーの世界の住人です。「私はとっても現実的な人間ですから、ファンタジーの世界は得意じゃないんです」…そうおっしゃいますが、そういうあなたも一度や二度は、鬼や閻魔さまの助けを借りて、こどもになんとか分からせたいと願ったことがあるでしょう？

それこそが、お話創りの始まりだと思うのですが…いかがですか？

以前、私はほんの木出版社で3年間「シュタイナー教育に学ぶ通信講座」というシリーズ（全18冊）を出版させていただいたことがあります。そのシリーズの中で「ペダゴジカル・ストーリー」を書いたことがありました。読んでくださった皆さまに、「どうやったらお話を創ることができるんですか？」「お話創りのコツをおしえてください」とよく尋《たず》ねられました。編集者の柴田敬三氏からも「大村さん、ぜひコツを書いてください」とずいぶん言われたものです。「コツねえ…。」ずいぶん考えたのですが、当時はいくら考えても、どんなコツがあるのか思いつかず、とうとう書くことができませんでした。けれど単行本を出版していただくこの機会に、もっともっと真剣に考えました。そこで、こんなことを思いついたのですが、いかがでしょう？

皆さま、どうぞごいっしょに、お話創りのプロセスを辿《たど》ってください。

〔状況〕ソウタくんはパジャマに着がえてから、一度片づけたおもちゃをまた出して遊び始めました。お母さんは鬼にご登場ねがって、ソウタくんを寝かそうと決めました。

1 鬼はソウタくんが寝ないで遊んでいることをどうやって知ったの?

　鬼はカミナリさまから知らされた。

2 どうして鬼はソウタくんの所に来ることになったの?

　カミナリの国では、タイコを叩いて世界中にカミナリさまがいることを知らせなければならない。世界は広く、カミナリさまは大忙しで疲れてしまった。そこでカミナリさまはこどもたちに手伝ってもらおうと決めた。夜になっても寝ないで遊んでいるこどもは、きっと寝たくないのだろうから、喜んでタイコを叩いてくれるだろうとカミナリさまは考えた。そこで夜になっても寝ないで遊んでいるこどもを見つけると、カミナリさまは鬼に頼んで、カミナリの国に連れて来てもらうことにした。

3 鬼はどんな様子をしているの?

　全身が赤い色をしている。目は大きくて光っている。二本の角を持っている。耳も大きい。口も大きい。トラ皮のパンツをはいている。太くて長くて重い鉄の棒を持っている。

4 鬼はソウタくんの家にどうやって来たの?

　大きな黒い雲にのって、ビューッとひとっ飛びでやってきた。

5 ソウタくんの家に鬼がやってきてどうなった?

「この家には、寝ないで遊んでいるこどもがいるだろう？　そのこどもをカミナリさまの国へ連れて行くから出せ！」と鬼が大きな声で言った。けれど、お母さんはソウタくんを大急ぎでお布団の中に隠して、「いいえ、この家にはそんなこどもはいませんよ。うちのこどもはもうとっくに寝ましたよ。どこかよその家とまちがえたのではありませんか？」と言って、鬼を追い返した。

こんなふうにプロセスを辿《たど》ると、お話の筋が見えてきませんか？　「そんなあ…。鬼くらいは想像できるけど、カミナリさまの国でタイコを叩くこどもが必要だ、なんて考えつかないわ」とおっしゃいますか？　私も初めはそうでしたよ。けれど、寝ないで遊んでいるこどもを前にして「なんとかして寝かさなくちゃ！」と必死になって考えていたら、こんなお話が湧《わ》いてきたんです！　「必要は発明の母」と言うじゃありませんか！　皆さまも必死になってお考えになったら、必ずアイディアが浮かぶはずです。

このプロセスを基にして、ぜひ、皆さまご自身のお話を創ってください。このアイディアがお話になったものが、第3章の3にある「寝ない子、誰だあ？」（151ページ）です。ご参考になりますかどうか…。

もう一つ、もっと短く、簡単なお話創りを練習しましょうか。

なんだか退屈でつまらない日曜日の昼下がりです。ようこちゃんのお母さんは、今日もお仕事に出かけてしまいました。学校はお休みだし、だから学童保育もないし…お父さんはいるけど寝てばかり…つまんなーい…。ようこちゃんは一人でお庭に出ました。そこへミツバチが飛んできました。

「どうしたの、ようこちゃん？　つまらなそうだね」と聞きました。

「お母さんは今日もお仕事に行ってしまったの。お母さんは私よりお仕事のほうが大切なんだ」。そう言って涙ぐむようこちゃんを見て、ミツバチは「じゃあ、ぼくがお母さんがどうしているか、見てきてあげよう。たしか、ようこちゃんのお母さんは駅前のスーパーで働いているんだったよね」と言って、飛んでいきました。

スーパーではようこちゃんのお母さんが、一生懸命お弁当を作っていました。「ようこが好きなソーセージだわ。今日帰りに買って行ってあげましょう」「ようこはどうしているかしら？　お父さんと楽しく遊んでいるといいんだけど…」「そうだ、次のお休みには、ようことピクニックに行こう！　三角山に登って、海を見ながらお弁当を食べよう！　ようこが喜ぶ顔が見たいわ」…ソーセージをお弁当箱につめながら、お母さんはようこちゃんのことばかりを考えていました。

ミツバチは飛んで帰って、お母さんの様子をようこちゃんに話しました。ようこちゃんはとってもうれしくて、お母さんが帰ってきたらすぐに入れるように、お風呂をわかして待っていることにしました。

ちかごろは働くお母さんが多く、家族そろって休日を過ごすことも少なくなってきましたね。こどもたちは両親の事情をよーく分かってはいるのですが、それでも時時、どうしようもなく寂しくなるのです。そんな時、こんなお話をおばあちゃんやおばちゃんにしてもらえるといいな、と考えていたら湧《わ》いてきたアイディアです。共働きのご両親と、そのこどもたちに愛と敬意をこめたエールです。（第3章4「いつも、お母さんといっしょ！」189ページ）皆さまもどうぞ、ご自分のお話を創ってみてください。

あなたが考えているほど「お話創り」はむずかしいものではない、ということがお分かりになりましたでしょう？

2・おばあちゃんからお母さんへ

大変ありがたいことに、私は五人の孫に恵まれました。若い時には、結婚してこどもを生み、育て、そのこどもがまたこどもを生んで、私に孫が授けられるなど、考えたこともありませんでした。けれど今、私は五人の孫を授けられたことを、この世の最後にいただいた神さまからのプレゼントと思い、心から感謝しています。

孫たちとはどんな時でも楽しく過ごすことができますが、中でもお話をすることは大きな楽しみの一つです。孫たちもまた、私のお話を聞くことを楽しみにしています。

生後九ヶ月の女の子リア、二歳九ヶ月の女の子サラ、三歳五ヶ月の男の子ソウタ、五歳五ヶ月の男の子ノア、そして五歳九ヶ月の女の子ノノカ……。

生後九ヶ月のリアは、話をする私を見つめながらじーっと聞き入ります。私は彼女の内に強い精神の力を感じます。もっともリアは生まれてくる前にいた精神の世界から、この物質の世界に下りてきてまだ一年も経たないのですから、精神の力をたくさん携《たずさ》えているのは当然のことなのです。リアの内にある精神は私に常に正しい行いをし、善なることばを話し、真なる考えを持って生きることを促してくれます。

サラは兄と妹の間に生まれることを選んだこどもです。強い兄に負けまいとしていつでも背伸びし、肩肘《かたひじ》はって生きています。私は「大変ね、そんなにがんばらなくていいのよ」と、心の中で声をかけながら彼女を見守っています。そして、彼女にはホッと心が和《なご》むようなお話をするように心がけています。「おばあちゃん、いつも気にかけてくれてありがとう」と、彼女の瞳が語っています。

ソウタはなんでもできるおねえちゃんを、いつも必死で追っています。無垢《むく》で、純真で、無邪気で…ファンタジーの世界を居心地よく感じているのがソウタです。私はソウタができる限り長くファンタジーの世界に留まっていたらいいなと願っています。東京で暮らしている彼が、さまざまな刺激を受けて、必要以上に早く目覚めることがないように、できる限りお話を聞かせてね、とソウタのお母さんに伝えました。

ノアは五人の孫の中でも、私ともっとも長い時間を一緒に過ごしています。ノアと私は生まれてくる前に決めていたソウルメイト（運命の人）だと、私は確信しているのです。私の歓《よろこ》びも、誇りも、苦悩も、悲しみも、困難も…彼はすべてを知って、私のそばにいてくれます。彼が成長し、やがて自らの使命を果たすべき時がやってきたら…その時に、彼の力になるであろうと思われるお話を、私は今話しています。

なんでもできるおねえちゃんのノノカは、いち早く目覚めたこどもです。身体の成長も早く、文字の読み書きも計算もできます。それは、この時代を選んで生まれてきたこどもたちが持つすべての困難を、彼女もまた共に担っているということなのでしょう。ノノカと一緒にいる時には、身も心も夢の世界に浸《ひた》ることができるように願いながら、ファンタジーに満ちたお話をします。

私がこのように私的なことを書く理由は、祖父母と孫は精神的な強いつながりを持っているということをお伝えしたかったからです。私が二人の息子を育てていた時には、現実的なことばかりにかまけて、息子たちと精神的なつながりを持つことなど考える余裕がありませんでした。こどもたちの衣食住を整えることで精一杯でした。「こどもたちに悪いことをしたなあ」と心から済まなく思います。「私も若かったし、自分の生き方も定まらない状態では仕方がなかったのだ」と今では自分を許す気持ちになりましたが…。

今、私は60歳を越えました。心さわぐことも昔に比べて少なくなり、精神の世界に戻る道を静かにたどりながら、孫たちとの関わりの中に、彼らの精神と私の精神が強く結ばれていることを感じるのです。目に見えるあれこれでの結びつきより、彼らの精神と私の精神とが深くつながりあっていることを感じます。だからこそ、ファンタジーの世界、精神の世界に存在する神さまや天使たちのお話をすることで、彼らと結ばれ、それを悦《よろこ》ばしく感じるのです。

祖父母と孫は、このような関わりを持っているのですね。ですからお母さん、必要な時には安心しておじいちゃん、おばあちゃんにお子さんを委《ゆだ》ねたらよいと思いますよ。

おじいちゃんとおばあちゃんは、この世で果すべきことを果して、精神の世界に戻る準備を始めているのです。ですから、精神の世界から下りてきたばかりのこどもたちと、精神においてつながることができるのです。ですから、こどもたちはおじいちゃん、おばあちゃんと一緒にいると心が安らぐのです。なぜなら彼らみんなは同じ場所にいるのですから。

ですからどうぞ、おじいちゃん、おばあちゃんが孫たちにお話しする機会をつくってあげてください。そして、おじいちゃん、おばあちゃんのお話を聞く機会を、こどもにもっと、もっと、与えてください。おじいちゃん、おばあちゃんのお話をたくさん聞きながら育ったこどもは、身も心も安定しています。お話が持つ力に護《まも》られ、支えられ、助けられ、励《はげ》まされ、慰《なぐさ》められていつも希望を持っていきいきと生きています。それは、もちろん、お話をしてくれるおじいちゃん、おばあちゃんの力に負うものでしょう。けれど、それ以上におじいちゃん、おばあちゃんの内にある、そしてお話が持つ精神の力、精神の存在がこどもたちに力を与えているからです。

私が孫たちにお話をするのは、「あなたがたはみんな、精神の存在と力によって護《まも》られ、支えられて生きているのよ。だから、なにも心配することはないの。ただただ、信頼し、感謝して生きて行けばいいのよ。そうして大きくなって、あなたがたの使命を果たすのよ」というメッセージを受け取って欲しいからです。私の願いはたった一つ、それだけなのです。

そうそう、この文章のタイトルは「おばあちゃんからお母さんへ」でしたね。私がお母さんへ伝えたいことは…忙しくて、あわただしくて、生活がきびしくて、こどもにお話をすることができないのでしたら、それを気に病むことはありません。おばあちゃんに委せてくださったらいいのです。あなたのお母さんも、きっとおばあちゃんにお願いしていたのだと思いますよ。こうして、私たちは順繰《じゅんぐ》りに役割を果たしていけばいいのですから。

ですからどうぞ、おばあちゃんがこどもに「お話ししましょうね」と言った時には、そおっとその場を去ってくださいな。いえ、もちろん、あなたもお聞きになりたいのでしたら、どうぞ、仲間にお入りくださいね。

この本を読んでくださった皆さまへ

ご縁をいただいて、この本を手に取ってくださり、最後まで読んでいただいてありがとうございました。あなたもこどもの頃、お話を聞くことが大好きだったのですね。こどもの頃どころか、今でも好きではありませんか？　ええ、私もなんですよ！　61歳になった今でも「ひびきの村」で行事があり、お話を聞くと胸がワクワクするんです。

こんなにも私たちの心を捉えてはなさないお話の魅力を、どうぞ、こどもたちに伝えてください。テレビ番組を見るより、テレビゲームで遊ぶより、もっともっとおもしろくて、しかも心を豊かに育ててくれるお話を、こどもたちが大好きになるように！　毎日お話を聞かなくてはものたりない、さびしい！　と感じるほど、こどもたちがお話を好きになるように！　毎日まいにち、お話を聞かせてあげてくださいな。

上手に話す必要はありません。登場するキャラクターの声音《こわね》なんか出さなくていいのです。あなたが気に入ったお話を、あなたの声で、あなたのやり方で話してくだされぱいいのです。あなたがそのお話を好きで好きでたまらなければ、それで十分！　読み聞かせるのではなく、お話ししていただけたらいいな、とは思いますが、それが重荷になり、「お話を覚えられないから…」と言ってやめてしまわれては困ります。書いてあるとおりに話す必要はありません。ストーリーを変えてもいいのです。勿論、キャラクターの名前だって変えていいのですよ。「それでも覚えられなかったら?…」どうぞ、読んであげてください。あなたがなさることですもの、誰に遠慮する必要があるでしょう! あなたがいちばんリラックスできて、あなたがいちばん楽しむことのできるやり方でいいのです。いいえ、ぜひ、そうなさってくださいね。

昔、こどもたちはお話をたくさん聞きながら成長しました。よかった! と心から思います。だからと言って昔に戻ればよいと考えているわけではありません。人類は営々として進化しつづけているのです。後戻りはできません。進化するということは、これまで持っていなかったものを手に入れるということです。私たちは両の手しか持ち合わせておらず、新しいものを手にするためには、これまで持っていたものを手離さなければなりません。そうして私たちが手離したものの一つが「こどもにお話を聞かせる」ことだったのではないでしょうか。

膝《ひざ》にのせてお話を聞かせるかわりに、こどもをテレビの前にすわらせ、その間私たちは働き、お金をかせぎ、より多くの物、より便利な物を手に入れてきました。眠りにつくこどもに添い寝をし、お話をするかわりに、昼間、働いている私たちは、滞《とどこお》っていた家事を懸命にこなしてきました。教室でも、教師がお話をするかわりにヴィデオを見せることがあります。こどもたちは教師の話を聞くより的確に、そしてより明確に映像をとおして学ぶことができる、と考えているためでしょうか?

働いているおかあさん、そして教師の皆さん、ごめんなさい。私は働くことがいけないといっているのではありませんし、映像をとおして学ぶことがいけないと言っているのでもないのです。ただ、私たちは一つのものを手に入れるためには一つを捨てなければならないということ、だからこそ、何を捨てるのか、深く考えて決める必要があるということをお伝えしたいのです。……このままこどもたちがお話を聞かずに成長することを見過すのか？　それともなんとか工夫して、こどもたちにお話をする機会をつくるのか？

昔から語り継《つ》がれてきた数々の物語の中には、汲《く》んでも、汲んでも、汲みきれないほどの叡智《えいち》が秘められています。近代、現代に創られた数々のお話には、溢《あふ》れんばかりの愛が込められています。そして、ここに収めたつたない私の文章に、私はせいいっぱいのメッセージを託しました。

この本の企画は2001年に生まれました。これまで辛抱づよく待ってくださった編集者の柴田敬三氏に、心からの感謝をささげます。そして、お読みくださった皆さまに、ありがとう！そして、いつも、いつも、私に前に進む力と勇気を与えてくれるこどもたちに、心からありがとう！

この本の組み立てを考えた時、心にかけたことがあります。その一つはこどもの年齢にふさわしい話を、と考えました。ただ、ここに分けたものはおおよその目安です。言うまでもないことですが、成長のプロセスは一人ひとりのこどもによって違います。ですからどうぞ、これを目安として、あなたのお子さんにふさわしいお話を選んでください。

「野菜嫌い、ニンジン嫌い」と「寝ない子」をテーマにしたお話を年齢別に収めました。成長に応じてどのように変えることが必要であるか…少しでもお分かりいただけたら嬉しく思います。

私の「お話の玉手箱」には、話し尽くせないほどのお話が詰《つ》まっているのですが、紙面が限られているために、8歳半から11歳ころの「広い世界へ旅立つ」こどもたちのためのお話（192ページ）を収めることができませんでした。機会がありましたらぜひ一度「ひびきの村」を訪ねてください。ここに収め切れなかったお話を聞いていただきたいのです。

もう一度、ありがとうございました。

２００６年６月９日

花いっぱいの「ひびきの村」で

大村祐子

子どもたちの幸せな未来ブックス⑥

子どもが変わる魔法のおはなし

2006年7月31日 第1刷発行
2010年6月24日 第3刷発行

著者――――――――大村祐子
企画――――――――（株）パン・クリエイティブ
プロデュース――――――――柴田敬三
編集――――――――戸矢晃一
営業――――――――小倉秀夫・野洋介
発行人――――――――高橋利直
発　売――――――――（株）ほんの木
〒101-0054 東京都千代田区神田錦町3-21 三錦ビル
Tel. 03-3291-3011　Fax. 03-3291-3030
http://www.honnoki.co.jp/
E-mail　info@honnoki.co.jp
©Yuko OMURA 2006 printed in Japan　ISBN978-4-7752-0040-2
郵便振替口座　00120-4-251523　加入者名　ほんの木
印刷所　中央精版印刷株式会社

おおむら ゆうこ

大村祐子

1945年生まれ。87年、米国カリフォルニア州サクラメントにあるルドルフ・シュタイナー・カレッジの教員養成、ゲーテの科学・芸術コースで学び、90～92年、サクラメントのシュタイナー学校で教える。また、91年より同カレッジで、日本人のための「自然と芸術」コースを開始。

96年より、北海道伊達市でシュタイナー思想を実践する「ひびきの村」をスタート。現在「ひびきの村ミカエル・カレッジ」代表。

主著に半生を綴った『わたしの話を聞いてくれますか』『シュタイナーに学ぶ通信講座』1・2・3期、『ひびきの村 シュタイナー教育の模擬授業』『創作おはなし絵本シリーズ』、『昨日に聞けば明日が見える』『空がこんなに美しいなら』など（いずれも、ほんの木刊）がある。

シュタイナー教育に学ぶ通信講座第１期

よりよく自由に生きるために

大村祐子著　1,050 円（税込）

シュタイナー教育の入門シリーズ第１号。私たち自身がどう生きるか、を考えることがテーマです。ご家庭で、親子で、よりよく生きるためのヒントが具体的に学べます。

子どもたちを教育崩壊から救う

大村祐子著　1,260 円（税込）

子どもたちの成長を助けるために何ができるかを、シュタイナー教育の基本を学びながら考えます。教育崩壊を解決するための治療教育についてもひとつの例として紹介しています。

家庭でできるシュタイナー教育

大村祐子著　1,260 円（税込）

ペダゴジカルストーリーや、子どもをよく知るために「見る力」を養うエクスサイズなど、家庭でできるシュタイナー教育について、ひびきの村で行われている具体事例とともに学びます。

シュタイナー教育と「四つの気質」

大村祐子著　1,260 円（税込）

子どもを理解するために、大きな力になるシュタイナーの示した、人間の持つ「四つの気質（多血質、胆汁質、粘液質、憂うつ質）」について初心者でもわかりやすく学べます。

「子どもの暴力」をシュタイナー教育から考える

大村祐子著　1,260 円（税込）

子どもたちが抱えている困難や悩みを取り除かない限り、いじめや教育崩壊は解決しません。その問題解決の方法、大人たちの責任をシュタイナー教育の観点から学びます。

「人はなぜ生きるのか」シュタイナー教育が目指すもの

大村祐子著　1,260 円（税込）

「私は何のために生まれ、何をするためにここにいるのか」という人生の最大のなぞについて、シュタイナー教育の視点から考えます。あなたの悩み、子ども子どもの悩みを解決します。